イノベーションの教科書

HBR'S 10 MUST READS ON INNOVATION

ハーバード・ビジネス・レビュー
イノベーション
論文ベスト10

ハーバード・ビジネス・レビュー編集部＝編
DIAMOND ハーバード・ビジネス・レビュー編集部＝訳

ダイヤモンド社

HBR's 10 MUST READS ON INNOVATION
by Harvard Business Review

はじめに

いつの時代でもそうですが、経済が成熟した今日は特に、企業にも社会にもイノベーションが求められています。本書はイノベーションについての基本的な考え方、典型的なイノベーションのあり方、イノベーションはどのように起きる、起こすものなのか、イノベーションを阻害する要因は何か、イノベーションを成功させる条件とはどんなものなのか、などについて第一線の研究者や経営者が書いた論文を集めています。

米国の名門経営大学院、ハーバード・ビジネス・スクールの教育理念に基づいて、一九二二年、マネジメント誌*Harvard Business Review*（HBR：ハーバード・ビジネス・レビュー）が創刊されました。同編集部とダイヤモンド社が提携し、日本語版『DIAMONDハーバード・ビジネス・レビュー』（DHBR）を一九七六年に創刊しました。以来、DHBRは経営誌として、「優れたリーダー人材に貢献する」という編集方針の下、学術誌や学会誌のような難解さを排し、「実学」に資する論文を提供しています。ビジネスパーソンがマネジメントの思想やスキルを独学する際に、また管理職研修や企業内大学、ビジネススクールで、教材として利用されています。

そのHBR誌の掲載論文から、同編集部が「イノベーションについて知っておくべきこと」として厳選した一〇本の論文を集めたものが、本書です（各論文の執筆者の肩書きや企業名などは基本的に、論文発表時のものです）。

第1章「ジョブ・マッピングでイノベーションを見出す」は、顧客の声に耳を傾け、その通りにしたのに、ヒット商品が生まれないという事象にまつわる誤謬を正すものです。着目すべきは顧客の声ではなく、顧客がその製品を使ってやり遂げたいと思っている動作や処理などの「ジョブ」の過程であり、それを要素還元して、細かいステップに分けて考え、どこで何が必要とされているのか、現状では何が足りないかをチェックしていくことで、イノベーションのチャンスを見つけることができます。そのための「ジョブ・マッピング」の手法が細かく解説されています。

第2章「イノベーション・カタリスト」は、スティーブ・ジョブズがいなくても、アップルと同じくらい人を感動させ、顧客を喜ばせる、デザイン思考のサービスや製品を発明、開発できた成功事例です。イノベーションを触発し、社内改革を推進するマネジャーを「カタリスト」（イノベーションを推進するための触媒）として起用し、彼らを軸として、社内の雰囲気を変え、アイデアを実践に移し、顧客との対話を密にし、プレゼンより実験を重視する社内体制をつくり、イノベーションをいくつも起こしていった経緯が解説されています。

第3章「大文字のイノベーションも必要である」は、企業で行われているのは、小さな改善プロジェクトばかりで、大きなイノベーションが起こらないという問題への対処を論じたものです。リスクを取らなければ成長もありえません。まず、自社のプロジェクトをリスク・マトリックス上に並べて正しく評価し、リスクの度合いやプロジェクトの偏りやバランスを判断し、そのうえで、RWWスクリーニングという手法を使って、個々のプロジェクトを進める際に、何が問題になっているのかを分析していきます。その実践的な方法が詳しく解説されています。

第4章「製品開発をめぐる六つの誤解」は、製品開発が失敗する六つのポイントについて、ていねいに解説したものです。新製品の開発は、従来からある製品製造と同じではないにもかかわらず、製品製造と同じ稼働率で開発しようとする、バッチサイズを大きくしすぎる、仕様変更を渋る、製品の機能を増やしすぎる、十分な人員が配置されない、失敗を避けようとするために大きな成果を得られない、などの間違った取り組み方が、製品開発をみすみす失敗に陥らせていることが明らかにされます。

第5章「財務分析がイノベーションを殺す」は、イノベーションの価値が、DCF（割引キャッシュフロー）法の誤用によって、低く見積もられすぎるために、イノベーションを阻害し、投資が及び腰になるという問題を指摘しています。固定費と埋没費用を最小化しようとする意思決定のバイアス、EPS（一株当たり利益）偏重の危険性についても述べ、イノベーション投資の成功率を向上させる「DDP計画法」について言及し、イノベーションに適正な投資が行われるための方法論が解説されています。筆者の一人は、『イノベーションのジレンマ』や『ジョブ理論』の著者、クレイトン・クリステンセン（ハーバード・ビジネス・スクール教授）です。

第6章「イノベーションをめぐる対立を解消する」は第2章と同じく、人の問題に焦点を当てています。イノベーションを託されたチームと既存の事業部門の間では、何かと対立が起こりがちです。BMWなど、いくつかの企業のイノベーションの実例をたどりながら、イノベーションチームと実践部隊の役割分担を決める、専任チームをつくる、部門間の対立をあらかじめ緩和するといったステップや、そのための工夫を紹介しています。

第7章「GEのリバース・イノベーション戦略」は、先進国向けの製品を新興国向けに手直しして販売する「グローカリゼーション」ではなく、新興国市場のニッチなニーズに適合させて開発した製品やアイデアが、実は、全世界でも切実に必要とされているものであり、それを逆輸入して、先進国でも普及させるという、画期的なイノベーションを解説したものです。GEヘルスケアの中国市場向けに開発した医療用ポータブル超音波機器の有名な事例が採り上げられており、ローカルなニーズの汲み取り方、本国との関係、開発の過程、要所要所での意思決定やローカルな拠点への権限委譲のあり方なども、参考になるでしょう。

第8章「イノベーションの罠」では、失敗するイノベーションに付き物の、四つの過ちを指摘しています。まず、戦略面では「高すぎるハードル」と「狭すぎる視野」。プロセス面では、既存事業と同じ計画立案、予算編成、業績管理という「厳しすぎる管理」。組織面では「弱すぎる連携」と「強すぎる組織の壁」。そしてスキル面では、経営陣が、プロジェクトリーダー向きの人材ではなく、最高の技術者にイノベーションを任せてしまうために、「弱すぎるリーダーシップ」と「つたないコミュニケーション」が問題となっていると言います。これらへの具体的な対処の仕方と準備の方策も述べられています。

第9章「未知の分野を制覇する仮説のマネジメント」は、企業が新規の分野に取り組む際に、どのような仮説を立て、どのような計画の下に事業に取り組めば大きな損失を出さずに済むのかを、ユーロ・ディズニー（現ディズニーランド・パリ）と、花王の事例をもとに解説したものです。事例自体は古いですが、危険な仮説のチェックリスト、逆損益計算書、用いるべき仮説のチェックリスト、課題明細表、改訂逆損益計算書、マイルストンチャートは、企業が新規に事業を考える際、とても実践的に活用できるものです。

第10章「イノベーションの機会」はピーター・F・ドラッカーの古典的な論文で、イノベーションについて、基本的で普遍的なエッセンスが余すところなく述べられています。ドラッカーによれば、企業や産業内において、イノベーションは次の四つの領域に存在します。予期せざるもの、調和せざるもの、プロセス上のニーズ、産業と市場の構造の変化、です。そして、企業の外、社会的、知的世界の領域では、人口構成の変化、認識の変化、新しい知識の獲得が見られる時にイノベーションの機会があると説いています。具体例に基づいてわかりやすく説明されており、イノベーションとは何かという本質が一読して理解できるでしょう。

いずれの論文も、イノベーションがなぜうまくいかないのかという、日本のビジネスパーソンの日頃の疑問に具体的に応え、実践的な解決策や、考え方のヒントを与えるものです。読者の皆様の問題解決や、取り組まれているビジネスのさらなる発展に寄与できるものと自負しています。なお、論文集ですので、掲載順は気にせず、ご関心のあるテーマから読まれることをお勧めします。

DIAMOND ハーバード・ビジネス・レビュー編集部

『イノベーションの教科書』

目次

はじめに——i

第1章
ジョブ・マッピングでイノベーションを見出す——1
ランス・A・ベッテンコート ストラテジン シニアコンサルタント
アンソニー・W・アルウィック ストラテジン CEO
「ジョブ」を処理するために製品やサービスを「雇う」——2
顧客のジョブを解剖する——3
「ジョブ・マップ」を作成する——6
補助ステップとしてのトラブルシューティング——14

第2章
イノベーション・カタリスト——21
ロジャー・L・マーティン トロント大学 ロットマンスクール・オブ・マネジメント 学長
草の根から改革を進める——22
アイデアを実践に移す——25
プレゼンテーションより「実験」を重視する——27
イノベーションを起こし企業文化を改革する——31

第3章
大文字のイノベーションも必要である――37
ジョージ・S・デイ ペンシルバニア大学 ウォートンスクール 教授
イノベーションはなぜ少ないのか――38
リスク・マトリックス――40
RWWスクリーニング――47
現実的か――51
勝てるか――59
やるだけの価値があるか――67

第4章
製品開発をめぐる六つの誤解――73
ステファン・トムク ハーバード・ビジネス・スクール 教授
ドナルド・ライナーセン ライナーセン・アンド・アソシエーツ 社長
製品開発と製造は根本から異なる――74
[誤解]1 経営資源の稼働率を上げれば成果が上がる――75
[誤解]2 バッチサイズを大きくすると費用対効果が向上する――81
[誤解]3 我々のプランには問題はない、このままやり通そう――85
[誤解]4 プロジェクトは早く始めれば完了も早い――87

［誤解］5　製品の機能を増やしたほうが顧客は喜ぶ――88
［誤解］6　初回でうまくいけばより成果が上がる――92

第5章 財務分析がイノベーションを殺す――97

クレイトン・M・クリステンセン　ハーバード・ビジネス・スクール　教授
スティーブン・P・カウフマン　ハーバード・ビジネス・スクール　上級講師
ウィリー・C・シー　ハーバード・ビジネス・スクール　上級講師
投資評価手法がイノベーションを阻害――98
DCF法の誤用――99
固定費と埋没費用の誤用――104
EPSの重視は近視眼的――110
イノベーションを促進あるいは妨害するプロセス――114

第6章 イノベーションをめぐる対立を解消する――121

ビジャイ・ゴビンダラジャン　ダートマス大学　タックスクール・オブ・ビジネス　教授
クリス・トリンブル　ダートマス大学　タックスクール・オブ・ビジネス　非常勤准教授
部門間の溝を埋める――122

ウェスト・パブリッシングの成功事例――124
イノベーションに新旧の戦いは必要ない――138

第7章 GEのリバース・イノベーション戦略――145

ジェフリー・R・イメルト ゼネラル・エレクトリック 会長兼CEO
ビジャイ・ゴビンダラジャン ダートマス大学 タックスクール・オブ・ビジネス 教授
クリス・トリンブル ダートマス大学 タックスクール・オブ・ビジネス 非常勤准教授
新興国での成功なくして先進国での勝利はない――146
リバース・イノベーションがなぜ必要なのか――148
新興国大企業の機先を制す――154
グローカリゼーションとの衝突――155
重心を移動させる――158
内部の成功に学ぶ――160
ローカル・グロース・チームの五原則――162

第8章
イノベーションの罠――171
ロザベス・モス・カンター　ハーバード・ビジネス・スクール 教授
イノベーション、その四つのうねり――172
戦略面の過ち：高すぎるハードルと狭すぎる視野――178
プロセス面の過ち：厳しすぎる管理――182
組織面の過ち：弱すぎる連携と強すぎる組織の壁――184
スキル面の過ち：弱すぎるリーダーシップとつたないコミュニケーション――189
イノベーションを成功させる処方箋――194

第9章
未知の分野を制覇する仮説のマネジメント――209
リタ・ギュンター・マグレイス　コロンビア大学経営大学院 助教授
イアン・C・マクミラン　ペンシルバニア大学 ウォートンスクール 教授
なぜ一流企業が新規事業でつまずくのか――210
ユーロ・ディズニーと実績基準計画法――212
DDP計画法：ケーススタディ――216
マイルストーン計画表：仮説の知識への転換――223

第1章

ジョブ・マッピングでイノベーションを見出す

ストラテジン シニアコンサルタント
ランス A. ベッテンコート
ストラテジン CEO
アンソニー W. アルウィック

"The Customer-Centered Innovation Map"
Harvard Business Review, May 2008.
邦訳「ジョブ・マッピングでイノベーションを見出す」
『DIAMONDハーバード・ビジネス・レビュー』2008年12月号

ランス A . ベッテンコート
(Lance A. Bettencourt)
コロラド州アスペンを本拠地とする、イノベーションマネジメントが専門のコンサルティング会社、ストラテジンのシニアコンサルタント。

アンソニー W . アルウィック
(Anthony W. Ulwick)
ストラテジンの創設者兼 CEO。著書に *What Customers Want: Using Outcome-Driven Innovation to Create Breakthrough Products and Services*, McGraw-Hill, 2005.（未訳）がある。

「ジョブ」を処理するために製品やサービスを「雇う」

人は何らかの「ジョブ」を処理するために、製品やサービスを「雇う」。これは誰もが知っていることだ。オフィスワーカーはワープロソフトを使って文書を仕上げ、ICレコーダーを使って会議の記録を取る。外科医はメスを使って軟組織を切り分け、電気焼灼器によって止血する。また清掃員ならば、手の汚れを洗い落とすために、ハンドソープとペーパータオルと洗浄剤を使う。

いずれも自明のことに思われるだろうが、「ジョブを完遂する」という観点からイノベーションのチャンスを発見しようとする企業は皆無に近い。多くの企業が、イノベーションを実現しようと努力しているが、せいぜい淡い希望を抱いて顧客にインタビューするといった域を出ていない。そのような場当たり的な質問では、時には有望な情報のかけらが得られることもあるとはいえ、素晴らしいアイデアや成長機会が明らかになることはない。

我々は、イノベーションのチャンスを発見する新たな手段となりうるシステムを開発した。シンプルだが効率的なこの方法を、我々は「ジョブ・マッピング」と名付けた。この方法では、顧客が解決したいと考える課題を一つのプロセスとしてとらえ、これを各ステップに分解する。

このように、ジョブの出発点から完了までのプロセスを分解することで、顧客が製品やサービスについて追加の支援を望んでいるポイント、つまりそのジョブにおける各ステップのポイントをもれなく把握できる。

ジョブ・マップがあれば、顧客が使用している製品やサービスが抱えている最大の欠点を分析することも可能になる。また顧客自身も、課題を解決するに当たり、どれくらいうまくできたのか、その程度を測定する基準を備えた、総合的なフレームワークを確立できる(注)。

ジョブ・マッピングがプロセス・マッピングと大きく異なっているのは、顧客の行動ではなく、各ステップでどのような目的を達成しようとしているのか、その内容を特定するところである。たとえば、麻酔医が外科手術中にモニターをチェックするのは、目的を達成するための手段的な行為である。患者の生体情報の変化を見つけ出すことこそ、麻酔医が処理すべきジョブの内容である。

ジョブを成し遂げるプロセスの全ステップをマッピングし、革新的なソリューションを開発するチャンスを探ることで、顧客への提案を差別化する新たな方法が見えてくる。

顧客のジョブを解剖する

我々は過去一〇年間、B2BサービスやB2Cサービス、耐久財や消費財、化学製品、ソフトウェアなど、さまざまな業種のさまざまな製品やサービスについて、ジョブ・マッピングによるコンサルティングを提供してきた。その結果、顧客のジョブには「三つの基本原則」があることが明らかになった。

心臓移植から床掃除まで、あらゆるジョブには、開始段階、中間段階、終了段階が存在する。ジョブは、この流れに従った一連のプロセスから成り立っている。イノベーションのチャンスを発見する出発点は、ジョブを完遂するプロセスの各ステップについて、顧客の視点からマッピングすることである。

これらのステップを特定できれば、価値創造の方法が広がる。たとえば、ジョブのあるステップの実行方法を改善する、その際に必要なインプットやアウトプットをなくす、あるステップをそっくり顧客の責任範囲から排除する、見過ごされていたステップに取り組む、ステップの順序を入れ替える、ステップが別の場所やタイミングで実行されるようにするなどである。

一例として、衣類の洗濯についてジョブ・マッピングしてみよう。「汚れが落ちたかどうかを確認する」ステップは、たいていジョブの後半にある。すなわち、衣服を洗濯機から取り出して乾かした後、そしてたたんで片付ける前のステップであり、この時点ではもはや企業の出る幕はないことがわかるだろう。

もし、洗濯のプロセスが終わる前に、洗濯機自体が洗い残しの汚れを検出できれば、つまり、この確認のステップの順序を変えることができれば、よりタイミングよく必要な措置を講じられるに違いない。また、染み抜き剤や漂白剤が不要になるように洗濯機を設計変更できれば、さらなる効果が得られる。

ジョブの構造は普遍的であり、どのような顧客の場合でも、ジョブを完遂するプロセスは、次のようなステップから成り立っている。

❶ジョブを処理するうえで必要なものを「定義する」。
❷必要となるインプットを特定し、「配置する」。
❸コンポーネントと物理的環境を「準備する」。

❹すべての用意が整ったことを「確認する」。
❺そのジョブを「実行する」。
❻結果と環境を「監視する」。
❼不具合を「修正する」。
❽ジョブを「完了する」。

なお、これら一連のステップの大半で何らかの問題が生じる可能性がある。そのため、ほぼすべてのジョブで、このような問題を解決するためのステップを伴う。

ジョブによって個々のステップの重要性が異なることもあるとはいえ、ジョブを完遂するには、どのステップも不可欠である。たとえば、股関節置換手術の準備では、外科医が手を消毒し、自分と患者を無菌状態にして、切開するために患者の皮膚を消毒し、患者の位置を適切に調整する。また、清掃員が手を洗う場合には、袖をまくり上げれば準備が整う。イノベーションのチャンスは、ジョブの各ステップに存在している。

同じジョブでも、顧客によって用いる製品やサービスは異なる。たとえば、所得税の申告を準備する場合、公認会計士に任せる人もいれば、税務申告書作成ソフトを使う人もいる。あるいは、そのプロセスの個々のステップに応じて、両方を使い分ける人もいるかもしれない。

多くの企業が重視するのは、ジョブを完遂するうえで顧客が求めるサポートではなく、すでに自社で開発した製品やサービス、あるいは競争相手が提供している製品やサービスである。

しかし、顧客のジョブを価値創造の中心に据えることで、既存の製品やサービスを改善するだけでなく、誰にも開拓されていない未知の市場、すなわち「ブルー・オーシャン」をターゲットとすることも可能になる。たとえばアップルは、他のMP3プレーヤーメーカーが顧客に音楽を聴かせることに注力しているのを尻目に、音楽を管理するというジョブ全体を検討し直すことで、顧客が音楽を入手し、整理し、聴き、共有することを可能にした。

以上の基本原則はすべて、顧客価値を創造するチャンスを追求するうえでの基盤となる。

「ジョブ・マップ」を作成する

ジョブ・マップを作成する目的は、顧客のジョブを完遂する方法を見つけることではない。そこから得られるのは、従来の顧客の活動とソリューションの見取り図にすぎない。真の目的は、顧客がジョブに完遂するために各ステップで処理する事柄と、そのジョブをうまくやり遂げるために各ステップで実現すべき事柄を見つけることにある（**章末**「顧客のジョブ・マッピング」を参照）。

では、個々のステップについて、詳しく見ていくことにしよう。

❶定義する

顧客がジョブに取りかかる前に、これを完遂するため、どのような点を定義しておくべきか。この定義のステップには、目標の設定、アプローチの立案、ジョブを完遂するために不可欠な、あるいは利用可能な経営資源の評価と選択などが含まれる。

ファイナンシャルアドバイザーならば、このステップを「投資状況の評価」と呼ぶかもしれない。というのも、投資の優先順位やリスク許容度のみならず、投資資金や投資対象とすべき資産の選択についても検討しなければならないからである。麻酔医の場合、「麻酔計画の策定」と呼ぶのがふさわしいだろう。症状の特徴や患者の病歴を考慮して、使用すべき麻酔の種類を選ぶ必要があるからだ。

このステップでは、顧客が自分の目的を理解したり、どの経営資源をどれくらい利用するのか、そのプランニングを簡素化したり、その量を調整したりするうえで役に立つ方法を探すことができる。ウェイト・ウォッチャーズ・インターナショナルが、体重を減らすという難題に挑戦する人をどのようにサポートしているかを見てみよう。同社は基本となるダイエット計画を提案し、ダイエットに取り組む人はそれを参考にして適切な食品を選べばよい。そのため、カロリーや炭水化物の量を計算する必要はない。それだけでなく、点数制のダイエット計画に見合った食事のアイデアやレシピまでもが提供されている。もっと自由度の高い方法でダイエットをしたいと希望する人のためには、二万七〇〇〇種類以上の食品の点数がすぐにわかるようになって、食品を口に入れた時の影響を測るオンラインツールも用意されている。

❷配置する

顧客がジョブを完遂するには、どのようなインプット、やアイテムを揃える必要があるだろうか。

必要なインプットは、たとえば看護師ならば手術のために手術器具を用意するなど有形の場合もあれば、ソフトウェア開発会社ならばプログラミングの前の要件定義など無形の場合もある。

前者の場合、必要なものを集めやすくしたり、必要な時に必要なところで入手できるようにしたり、一部のインプットの必要性をなくしたりすることによって、このステップの合理化を図ることが考えられる。

U－ホール・インターナショナルの例を挙げよう。顧客が「有形の品物を別の地点に移す」というジョブに取りかかる場合、必要なインプットをどのように配置すれば、この顧客を支援できるかを考えてみればよい。

同社は、引っ越しのワンストップショップとしての業務に留まらず、所定の引っ越し用キットを顧客に提供することで、引っ越しに不可欠な段ボールや梱包用品を集める手間を省いている。さらに、eムーブとのオンライン提携によって、荷造りの手伝い、ベビーシッター、清掃人、ペンキ職人など「作業を手伝う人間」という、さまざまなインプットを顧客が簡単に確保できるサービスを提供している。

後者のソフトウェア開発会社のように無形の場合も、それらを集めることを支援する機会が数え切れないほど存在している。記録データの取り出し、新しい情報の収集の促進、データが正確かつ完全であるかどうかの検証などが、その例である。

❸準備する

顧客はジョブに着手する際、インプットと環境をあらかじめどのように整える必要があるだろうか。

顧客のジョブには、ほぼ例外なく、必要な品物を用意して配置するという要素が含まれている。ファストフードの店員は、フライドポテトを揚げる前に、袋を開け、中身を取り出し、バスケットに入れなければならない。看護師は、手術開始前に手術器具を用意して並べておく必要がある。

一方、物理的な環境についても、作業の対象となる表面など、さまざまな側面で準備を整えておかなければならないことがある。歯医者であれば、臼歯の治療前に歯の表面をきれいにするだろうし、ペンキ職人はペンキを塗り始める前に、壁をきれいに掃除することだろう。

この段階では、準備の手間を軽減する方法を検討すべきである。たとえば、準備のプロセスを自動化する方法を考えるのもよい。有形のものであれば、その配置をより簡素化したり、作業場での整理整頓を徹底するためのルールを決めたり、安全措置を施したりすることも考えられる。また、無形の情報を扱う顧客には、必要なデータの管理や統合、検証を支援することが考えられるだろう。

ボッシュは、屋根職人から「ノコギリの傾斜角度をもっと手早く調整できる方法があるとありがたい」と言われて、顧客が木材を切断・裁断する準備をサポートするチャンスを見つけた。

そこでCS20型丸ノコに調整レバーを追加し、最も標準的な三〇度、四五度、六〇度に傾斜角度を調整できるようにした。その結果、木材の切断・裁断に要する時間を減らすと同時に、角度調整の精度を高めることが可能になった。

❹確認する

準備が整ったならば、ジョブを確実に完遂するため、実際にジョブを実行する前にどのようなことを確認する必要があるだろうか。

この段階で必要なのは、必要な材料や作業環境が適切に準備されているか、すなわち、ちゃんとした材料が一式揃っているか、しかるべき質の情報がもれなく用意されているか、ジョブを実行する方法に複数の選択肢がある場合、どのような優先順位にするかをはっきりさせておくことである。

特に、ジョブの実行が遅れることで、顧客の資金や時間、安全性がリスクにさらされるかもしれない場合、この確認のステップは大変重要である。たとえば外科担当の看護師は、手術の準備を終えた後、患者の準備状態（アクセサリー類の取り外し、重要な生体情報のチェック）のほか、機器や設備（バッテリーの充電状態、メス一式の準備）、手術室（器具の配置、無菌野確保の維持）がちゃんと整っているかを確認しなければならない。

このステップで差別化を図るには、準備状態を確認し、適切な実行方法を選ぶために必要な情報やフィードバックに、顧客がアクセスできるように支援するとよい。別のアプローチとしては、顧客がさらに迅速かつ容易にジョブを進められるように、確認のステップを配置や準備のステップに組み入れる方法を探ることが考えられる。

オラクルのプロフィットロジックは、小売業向けのマーチャンダイジング最適化ソフトで、個々の製品について数千もの異なる需要シナリオを分析し、それぞれの利益を最大化できる可能性の高いシナリオを推奨する。このソフトを使えば、小売業者は、最適のタイミングと値引き水準を自分たちの努力で確認しなくて済む。

❺実行する

顧客がジョブを成功させるには、どのようなことが必要になるだろうか。

文書のプリントアウトにしろ、麻酔の施術にしろ、顧客はこの実行のステップを一番重要と考える。また、実行段階は最もわかりやすいステップでもあるため、顧客は問題が起きたりジョブの実行が遅れたりするのを避け、最善の成果を上げようと努める。

文書をプリントアウトする場合、紙詰まりやトナー切れ、印刷待ちなどは御免被りたいと考える。そして、できるだけきれいに文書を印刷したいと思っている。麻酔医は患者に思わしくない反応が出ないように、また痛みを感じることがないようにと考える。

革新的な企業であれば、このステップでその技術的なノウハウを、たとえばリアルタイムで顧客にフィードバックしたり、ジョブの実行にまつわる問題を自動修正したりするために応用できるだろう。また、状況に変化が生じても、効果を一定に維持する方法を検討するのもよい。キンバリー・クラークの患者加温装置は、このような付加価値を実現した好例である。

この医療機器は制御装置によって、患者の体の上に置かれたサーマルパッド内の温水を自動的に循環させ、患者の体温が手術中に急激に変化するのを防ぐ。この機器は、患者の体の二〇％を覆うだけで、正常体温を維持できるという優れ物で、複雑な外科手術において、その機能を常に効果的に発揮する。

❻監視する

ジョブを処理するに当たって、確実な成功を収めるには、顧客はどのような点を監視する必要があるだろうか。目を離してはならないのは、実行中の結果やアウトプットである。とりわけ、問題が発生した場合、ジョブを元の軌道に戻すために、調整が必要かどうかの判断が欠かせない。ジョブによっては、調整が必要かどうか、必要ならばどのタイミングで必要なのか、環境を監視することが必要になることもある。たとえばネットワーク管理者は、システム負荷が過剰にならないように、ウェブサイトのトラフィックに目を光らせている。

なかには、心拍をチェックするペースメーカーのように、活動を自動的に監視するものもあれば、時間がかかり、顧客への負担が大きいものもある。手術のように、失敗のコストが極めて大きい場合、問題が発生したり、環境に変化が生じたりすると、注意を促してくれるソリューションがありがたい。また、ジョブの実行を改善するソリューション、診断に関するフィードバックを提供するソリューションも価値が高いといえる。

ナイキのＮｉｋｅ＋ｉＰｏｄスポーツキットは、ジョギングの練習効果を監視するものである。ナイキのシューズに装着された無線センサーと、ランナーが携帯するｉＰｏｄの間でデータを送受信することで、走った時間や距離、速度、消費カロリーなどが音声によって継続的にフィードバックされる。ジョギング中にペースが落ちてきたら、音楽に切り替え、みずからを鼓舞することもできる。また、あらかじめ設定した目標への達成度についても教えてくれる。

❼修正する

顧客がジョブを完遂するために、何らかの変更が必要となるのは、どのような場合だろうか。

インプットや環境に何か変化が起こった時、あるいはジョブの実行に問題が生じた時など、情報の更新や調整、メンテナンスの面でサポートが必要となる。このステップでは、調整すべき対象だけでなく、変更のタイミングや方法、変更が必要な部分の特定についても顧客は支援の手を求めている。ただし監視のステップ同様、適切な調整には、時間とコストがかかるかもしれない。

問題が発生した時、ジョブを元の軌道に戻す方法を提供することで、顧客を支援することができる。また、顧客が思った通りの成果を出すために必要な情報を更新したり、さまざまな調整に要する時間を削減する手段を提供したりすることも考えられる。さらに、配置や準備のステップを後工程での修正が不要になるように設計しておくというソリューションも考えられる。

多くのソフトウェアプログラムには、このステップを支援する優れた機能が備わっている。たとえばマイクロソフトは、セキュリティへの脅威からコンピュータを守るための修正によって顧客のジョブをサポートしている。OSの自動更新によってアップデートが必要な部分を突き止め、その場所を教え、OSと互換性があることを確認するという、一連の面倒な作業を不要にした。

❽完了する

顧客はジョブを完了させるために、何をする必要があるのか。

手を洗うといった単純なジョブの場合、完了のステップは一目瞭然である。一方、ジョブが複雑な場合、このステップに何らかのプロセスが伴うことがある。

オフィスであれば、文書をプリントアウトしたら、帳合いして保管しなければならない。麻酔医は手術の経過を記録するとともに、患者を覚醒させて、術後の回復室へ移動する際にも注視していなければならない。

ジョブはすでに実行されているため、完了のステップは煩わしいと受け止められることが多い。したがって、このプロセスの簡素化を図る必要がある。また、多くの場合、あるジョブの終わりは、次のジョブの始まりであったり、その次のジョブの開始時に影響したりする。このようにジョブが循環的である場合、完了が新しいジョブのサイクルの出発点へと円滑につながるためのサポートが考えられる。

ジョブに取りかかる顧客をサポートする方法の例として、完了のステップで求められる利便性を、これ以前のステップで実現できるように設計することがある。

たとえば、3Mのコーバン自着性伸縮包帯は伸縮性があるうえ、包帯自体が自着性を備えているため、医療従事者が施術後に創傷包帯を固定するうえで都合がよい。また、その自着性という性質上、患者の皮膚や傷口にはくっつかないため、簡単に包帯を外すことができる。3Mは包帯を巻く時点で、これを外す作業についても想定し、この商品を設計している。

補助ステップとしてのトラブルシューティング

ジョブを処理する過程で、顧客はトラブルの処理や解消のために何を必要とするだろうか。

注文が間に合わない、プリンターが紙詰まりを起こす、手術器具を置き間違える、ソフトウェアのテストがうまくいかないなど、いかに単純なジョブでも、時として困った事態が生じるものだ。

その場合、中心となるジョブ・プロセスよりも、まず目の前の問題に対処して解決するという、別の補助的なジョブに取り組まざるをえない。顧客は迅速な対応を望んでおり、期待通りに問題を解決できるかどうかは、どれくらい具体的に問題を把握できるかによる。

たとえば、プリンターが紙詰まりを起こしたら、作業者は詰まった紙をどのような手順で取り除けばよいのか。外科医がメスを渡す時に看護師の手を切ってしまった場合、血液感染を防ぐために看護師はどのような措置を講じればよいのか。

問題が発生した時に顧客が求めているものは、素早く解決策を決定し、自分自身や問題の影響が及ぶ経営資源を守り、問題が解決したかどうかを把握するための経営資源やツール、診断法である。また、各ジョブ・ステップで問題の発生を未然に防ぐためのソリューションも必要である。

商品やサービスの代金を支払うというジョブにおいて問題が発生した時、マスターカードがその顧客を支援する方法について見てみよう。

マスターカードは、「ゼロ・ライアビリティ」（不正使用から生じるカード保有者の支払い責任の免除）を保証する方針に加えて、連絡先電話番号リストをダウンロードできるようにしている。それによって、顧客は旅行中にカードを紛失しても、同社への連絡方法に困ることはない。そしてマスターカードは、四八時間以内にカードを再発行したり、緊急キャッシングサービスを提供したりできる。

＊　＊　＊

イノベーションのチャンスをとらえるために、製品の優位性、業務の卓越性、緊密な顧客リレーションシップのどれに注力するかは、企業ごとに異なる。サービスに注力する企業もあれば、製品を重視する企業もある。ビジネスモデルが変わっても、成長機会をとらえるための基本原則は変わらない。

すなわち、顧客はジョブをみごと完遂するために、製品やサービス、ソフトウェア、アイデアを「雇用」していることを理解したうえで、そのジョブを一つのプロセスととらえ、八つのステップに分解することで、成長のカギとなるイノベーションのチャンスを発見できる。

顧客のジョブ・マッピング

イノベーションを生み出す方法を発見するには、顧客が処理するジョブを要素還元することが必要である。以下に掲げる質問表に答えてみてほしい。顧客や社内の専門スタッフに簡単なインタビューを試みるだけで、顧客のジョブ・マッピングが可能になる。

まず、実行ステップを把握し、全体の流れと位置付けをはっきりさせる。次に、前後の各ステップを検証し、ジョブを完遂するプロセスにおいて、各ステップが果たす役割を明らかにする。

ジョブを完遂するプロセスのためのソリューション（いま行われていること）ではなく、ジョブの各ステップ（顧客が行おうとしていること）をマッピングするために、これらの各ステップにおいて次のように自問自答してみるとよい。

●検証用の設問

そのステップで顧客が実現したいと思う内容が、定義に従って特定されているか。それとも、単に基本的な目標を達成するための行為にすぎないのか。

・有効なステップ：患者の生体情報を確認する。

・無意味なステップ：モニターを確認する。

各ステップの内容は、そのジョブを処理する顧客にもれなく当てはまるものか。それとも、顧客がそのジョブを処理する方法によって異なるのか。

・有効なステップ：発注する。

・無意味なステップ：発注のために仕入先に電話する。

●実行ステップの定義

そのジョブを実行するうえで最も重要な課題は何か。

▼各ステップの検証

●実行ステップの前の各ステップを定義する

ジョブを完遂するために、その要である実行ステップの「前」にやっておかなければならないことは何か。

・実行ステップの前に、定義あるいは計画しておかなければならないことは何か。

・実行ステップの前に、配置あるいは収集しておかなければならないことは何か。

・実行ステップの前に、準備しておかなければならないことに何か。

・実行ステップの前に、確認しておかなければならないことは何か。
▼各ステップの検証

●**実行ステップの後の各ステップを定義する**

ジョブを完遂するために、その要である実行ステップの「後」にやらなければならないことは何か。
・実行ステップの後に、そのジョブを確実に成功させるために、監視あるいは検証しなければならないことは何か。
・実行ステップの後に、修正あるいは調整しなければならないことは何か。
・実行ステップの後に、そのジョブを完遂するため、あるいは次のジョブを準備するためにやらなければならないことは何か。
▼各ステップの検証

イノベーションのチャンスの発見

ジョブ・マップがあれば、価値創造の機会を体系的に探し出せる。以下に紹介する質問は、そのための指針となるもので、機会を見逃さないために役立つだろう。

まず手始めに有効なのは、各ステップにおいて既存のソリューションが抱えている最大の欠点、とりわけ実行のスピード、ばらつき、結果の質にまつわる欠点を洗い出すことだ。
このアプローチの実効性を高めるには、マーケティング、デザイン、技術の専門家、さらには最重要顧客を含め、さまざまな人たちに働きかけ、検討に加わってもらうとよい。

ジョブ・レベルでのイノベーションのチャンス

- より効率的かつ効果的な順序でジョブを処理できないか。
- 他の顧客よりも、ジョブを処理するのが難しいと感じている顧客層があるか。たとえば初心者と専門家、若年層と熟年層など、異なる顧客同士と比較してみるとよい。
- ジョブを完遂するうえで複数のソリューションが必要な場合、顧客がどのような苦労や不便を感じているか。
- 特定のインプットやアウトプットの必要性をなくすことが可能か。
- 顧客の責任範囲にあるステップはすべて必要といえるか。その負担を自動化したり、第三者の手に委ねたりできないか。
- 状況が変化した場合、ジョブを完遂するうえで、どのような影響が生じるか。
- 現状において、顧客が最も苦労しているのはどのような点か。ジョブを完遂するに当たって、その場所やタイミングを変更するとしたら、どこが望ましいと顧客は考えるか。

ステップ・レベルでのイノベーションのチャンス

- そのステップの処理に、ばらつきがあったり、うまくできなかったりする理由は何か、また、やり方を間違えさせる原因は何か。

・そのステップにおいて、他の顧客よりも苦労している層があるか。
・そのステップにおける理想的なアウトプットはどのようなものか。そして、現状のアウトプットはどのような点で理想より劣っているか。
・そのステップは、状況によって、他のステップよりも実行するのが難しくなるか。
・そのステップを実行するうえで、既存のソリューションが抱えている最大の欠点は何か。
・そのステップを実行するうえで、よけいな時間や手間を生じさせている原因は何か。

【注】

これらの基準や優先順位の決定方法についてはAnthony W. Ulwick, "Turn Customer Input into Innovation," HBR, January 2002.（邦訳「真の顧客ニーズを製品開発に結びつける法」『DIAMONDハーバード・ビジネス・レビュー』二〇〇二年五月号）を参照。

第2章

イノベーション・カタリスト

トロント大学 ロットマンスクール・オブ・マネジメント 学長
ロジャー L. マーティン

"The Innovation Catalysts"
Harvard Business Review, June 2011.
邦訳「イノベーション・カタリスト」
『DIAMONDハーバード・ビジネス・レビュー』2012年4月号

ロジャー L. マーティン
(Roger L. Martin)
トロント大学ロットマンスクール・オブ・マネジメント学長。主な著書に *The Design of Business: Why Design Thinking Is the Next Competitive Advantages*, Harvard Business Review Press, 2009.（未訳）、*Fixing the Game: Bubbles, Crashes, and What Capitalism Can Learn from the NFL*, Harvard Business Review Press, 2011.（未訳）などがある。

草の根から改革を進める

二〇〇七年某日、五時間に及ぶパワーポイントのプレゼンテーションの途中、財務ソフト大手インテュイットの共同創業者であるスコット・クックは、自分がスティーブ・ジョブズではないことを悟った。当初は、やり切れない失望感にさいなまれた。

クックも、多くの起業家と同様、トム・プルーと一緒に創業した会社をアップルのようにしたかった。そう、デザインにこだわり、イノベーションが次々に生まれ、素晴らしい製品やサービスによって消費者をいつもあっと驚かせる会社である。しかしそのような成功には、強烈な個性を持ったビジョナリーがトップにいなければならないように思えた。

本稿では、クックとインテュイット経営陣が「スティーブ・ジョブズ・モデル」に代わるものを、どのように見出したかについて紹介する。同社はこの新しいモデルによって、デザイン主導のイノベーション企業になることに成功した。本気でそう望むならば、どのような企業でも——事業規模が小さかろうと、平均的な会社であろうと——同じように抜本的な改革を実現できる。

インテュイットの改革が、「推奨者正味比率」（NPS：Net Promoter Score）を採用した二〇〇四年に始まったのは間違いない。

NPSは、ベイン・アンド・カンパニーの名誉ディレクター、フレデリック・F・ライクヘルドが開発した顧客満足度を測る指標で、顧客に「この製品やサービスを同僚や友人にどれくらい推薦したいか」という一つの質問を問うというものである。

0（けっして推薦したくない）から、10（とても推薦したい）で評価してもらう。0〜6が「批判者」、7〜8が「中立者」、9〜10が「推奨者」である。推奨者の比率から批判者の比率を差し引いた値が、その企業のNPSとなる。

インテュイットの場合、設立されて数年間は、さまざまなマーケティング施策のおかげでNPSは大きく上昇した。しかし二〇〇七年には、頭打ちになった。その理由はわかっていた。批判者の比率は大きく下がったにもかかわらず、推奨者のそれがほとんど上がらなかったのである。また、顧客が新製品をあまり推薦してくれなかったのは、何とも期待外れだった。

言うまでもなく、顧客を活性化する方法を明らかにする必要があった。プロクター・アンド・ギャンブル（P&G）の社外取締役でもあるクック（彼は以前P&Gの社員だった）、P&Gのデザイン・イノベーション戦略担当バイスプレジデントだったクラウディア・コッチカにアドバイスを仰いだ。

彼女との話し合いを踏まえて、クックと当時のCEOスティーブ・ベネットは、上位三〇〇人の管理職を対象とした二日間のオフサイトミーティングで、イノベーションにおけるデザインの役割を取り上げることにした。

クックは、彼が言うところの「デザイン・フォー・デライト」（D4D：顧客を感動させるデザイン）に関する一日コースのプログラムを用意した。これは、インテュイットをデザイン主導の企業に改革するためのキックオフイベントであった。

最大の目玉は、冒頭の五時間に及ぶパワーポイントのプレゼンテーションであった。その中でクックは、デザインの奇跡、そしてデザインによってインテュイットの顧客を増やす方法について説明した。参加した管理職たちは、「結局のところ、彼は創業者なのだから、そうしなければならない」と思って、その話にうやうやしく耳を傾け、プレゼンテーションが終わると、感謝の面持ちで拍手を贈った。

クックは、このような反応にがっかりした。また、プレゼンテーションで紹介したアイデアについてはそれなりに関心を引いたようだったが、会場内にほとんど熱気は感じられなかった。

メインイベントは失敗に終わったとはいえ、その後のイベントはうまくいった。クックは、スタンフォード大学デザインスクールのコンサルティング准教授を務めるアレックス・カザクスをこの合宿に招き、彼に一時間ほど話してもらった。

クックと同じように、カザクスもパワーポイントを使ってプレゼンテーションを始めたが、話は一〇分で打ち切り、残りは参加型の演習にした。管理職たちはデザインの課題が与えられ、プロトタイプをつくり、フィードバックを受け、それを何度も繰り返し、改良を重ねた。

参加者たちはすっかり夢中になった。クックがその後、「その日のセッションで得たものは何か」と非公式のアンケートを実施したところ、レッスンに関する記述の三分の二がこの演習についてであった。

この反応を見て、クックはこう考えた。「私はスティーブ・ジョブズにはなれないかもしれないが、おそらくうちの会社にそのような人物は必要ない。いくつかのツール、そしてコーチングと研修があれば、現場の力だけでイノベーションを生み出したり、顧客を感動させたりできるはずだ」

アイデアを実践に移す

シリコンバレーのほとんどの技術系企業と同じく、インテュイットでも、ユーザーインターフェースデザイナーやグラフィックデザイナーたちは組織の隅のほうに追いやられていた。

しかしクックは、社内でもピカ一の若手デザインディレクター、カーレン・ハンソンの力を借りることにした。そして彼女に、社内にデザインを奨励する策について相談した。

カーレンは、D4Dについて語る段階は終わり、すでに実践する段階に来ており、そのための体系的なプログラムが必要なことに気づいていた。そこで、「デザイン思考」のコーチ役、すなわち管理職たちが各イニシアティブに取り組むことを支援する「イノベーション・カタリスト」のチームをつくり、そのメンバーに九人を選んだ。こうして、これらメンバーを教育し準備万端整えることが、ハンソンの二〇〇九年度の主要課題となった。

九人を選抜するに当たり、彼女は、デザイナーのあるべき姿についてさまざまな角度から考えられる人物を最優先に探すことにした。つまりデザイナーは、見た目もわかりやすく人間が直観的に反応できるグラフィックユーザーインターフェースを開発するだけでなく、そのソフトウェアを使ってユーザーがストレスなく問題を解決できるかどうかも考えなければならないのである。

ハンソンは、コーチたちがユーザーとの対話に興味を示し、おのれの才能だけに頼るのではなく同僚たちと一緒に問題を解決することを期待した。また、デザイン思考のコーチングをうまくやるには、外向的な性格と対人関係スキルが必須であった。

彼女は、自分が所属する事業部門から直属の部下を二人、社内の他部門から七人を選んだ。こうして、女性六人、男性四人のチームができあがった。彼ら彼女らの仕事は、デザイン、R&D、製品管理などさまざまで、肩書きはユーザーインターフェース・アーキテクト、主任研究員、スタッフデザイナー、プロダクトマネジャーなどである。その職位は、九人全員がディレクターより一つか二つ下（つまり下から数えたほうが早い）だが、それなりの影響力の持ち主である。そして、全員がこの役割を喜んで引き受けた。

デザイン思考をインテュイットのDNAに組み込むために、クックとハンソンは手始めに、一連の「D4Dフォーラム」を企画した。これは、通常一〇〇〇人超の社員が出席し、顧客を満足させる達人たちに講演してもらう。この時は、半分がインテュイット社内から、残り半分はフリップビデオの創業者兼CEO、フェイスブックのトップデータサイエンティスト、アップルストアの責任者などを招聘した。

このフォーラムではそのほか、D4Dの成功事例を紹介したり、ベストプラクティスを共有したりした。一緒に働いているパートナーたちにも参加が呼びかけられ、本フォーラムが終わった後に変えられることについて、チームとして一つだけ考えてほしいと言われた。

デザインについて検討している管理職が、このプロセスに取り組むことに及び腰にならないよう、またやったことのないことにチャレンジしてイライラしないように、さらに外部のデザインコンサルタントを雇う必要性のせいで遅れが生じないように、ハンソンのところのイノベーション・カタリストたちは、ワーキンググループがプロトタイプをつくり、実験を試み、顧客から学習する際、もれなく支援することになっていた。

言うまでもなく、これらカタリストたちが忙殺されることが予想されたため、ハンソンは、全社のプロジェクトに割く時間は二五％までと、その活動に制限を設けた。また彼女は、これらカタリストたちと一緒に仕事をするゼネラルマネジャーたちと緊密に連絡を取り合い、カタリストをゼネラルマネジャーが抱えている最重要課題に対処させた。

ハンソンは、「デザインの力によって弾みをつけるという試みを今後も続けていくには、誰の目にもわかるインパクトの大きな成果が生まれた時、年に三、四回は、それはコーチ（カタリスト）たちのおかげであると思われる必要がある」と考えていた。

これを可能たらしめるアイデアは、ボトムアップで生まれてきた。二〇〇八年、インテュイットに入社してまだ四カ月足らずの社員二人が、Ｄ４Ｄ用にオンラインソーシャルネットワークをデザインし、経営陣の（支援は得られなかったが）承認を取り付け、翌年スタートさせた。この新しいプラットフォームは「ブレインストーム」と名付けられ、初年度に三二のアイデアが実用化された。

プレゼンテーションより「実験」を重視する

インテュイットではずっと、パワーポイントのプレゼンテーションに基づいて意思決定を下していた。

そこで管理職たちは、(みずからが考えるところの)優れた製品を開発するだけでなく、上司にコンセプトを売り込むために優れたプレゼンテーションスキルを身につける必要があった。同社では、このようなシステムの下、アイデアの良し悪しは管理職たちが判断し、これを顧客に販売していた。

それゆえ、D4Dの重要な役割の一つが、管理職たちの間に見られるプレゼンテーション重視の傾向を転換させることであった。ハンソンとクックは、実験を通じてみずから顧客に学ぶほうがよほど効果的であると考えていた。

現在、D4Dイノベーションは「ペイン・ストーム」(問題の発見)と呼ばれるプロセスで始まる。これは、レイチェル・エバンスとキム・マクニーリという二人のイノベーション・カタリストが開発したものである。その狙いは、顧客の抱える「ペイン・ポイント」(悩みの種)を見出し、インテュイットに可能な解決策を提供することである。

ペイン・ストームでは、顧客の望むところを社内であれこれ想像するのではなく、顧客の職場や自宅に出向き、直接話を聞き、その行動を観察する。こうすることで、先入観が覆されることも少なくない。売上げが何より重視される製品にペイン・ストームを実施する前、チームは「事業の成長」を製品コンセプトにすべきだと思い込んでいた。しかしペイン・ストームの後、顧客からすると、「事業の成長」という表現は曖昧であることがわかった。つまり、既存顧客からの売上げを増やすことでもあり(これはペイン・ポイントではない)、同じような中小企業を買収する意味でもあったからである(これもペイン・ポイントではなく、しかも高コストである)。

本当のペイン・ポイントは、外部の力を借りることなく自前の営業活動を通じて新規顧客を獲得することであった。したがって、これを実現させる有効なコンセプトは「顧客の獲得」であった。

この後、続く二週間以内に「ソル・ジャム」(問題の解決)が開催される。そこでは、あぶり出されたペイン・ポイントに対処するために、製品やサービスのソリューションのためのコンセプトを思い付く限り並べ上げ、取捨選択したうえで、プロトタイピング(ひな型づくり)やテストに備えてリスト化する。プロトタイピングの初期段階では、これら潜在価値の高いソリューションがインテュイットのソフトウェア開発プロセスに組み込まれた。

しかしイノベーション・カタリストたちは、このようにデザイン思考によって弾みがついたとはいえ、これを維持するには、できるだけ早くユーザーの手にソースコードを届けるのが最善策であると気づいた。そうすれば、そのソリューションに潜在価値があるのか、もしあるならば、その価値を高めるには何が必要なのか、見極めやすくなる。

そこで第三のステップは、ただちに「コード・ジャム」(ソースコードの作成)に移行することであった。その目標は、ソル・ジャムから二週間以内に、完璧でなくともよいから顧客に渡せるようなソースコードを書くことである。これにより、ペイン・ストームに始まり新製品に関する最初のユーザーフィードバックに至るまで、通常四週間で足りることになる。

ここで、事例を二つ紹介しよう。

インテュイットの税務ソフトトチームがモバイル用アプリケーションの検討を始めた時、プロジェクトマネジャー兼イノベーション・カタリストのキャロル・ハウは、まず顧客を起点にした。そこで、五人から成る彼女のチームは、スマートフォンユーザーを多数観察するために、彼女いわく「荒野に出た」。

そして、さっそくミレニアルズ（二〇〇〇年以降に成人を迎えた世代）たちに的を絞った。彼ら彼女らはその所得水準ゆえ、この至極簡単な確定申告ツールの有力な潜在顧客であった。

ハウたちはいくつものコンセプトを考え出しては、毎週顧客にぶつけてみた。金曜日に顧客を招き、月曜日に学んだことを抽出し、火曜日にコンセプトについてブレインストーミングを行い、水曜日にそれをデザインし、木曜日にそのソースコードを作成し、また顧客を招く——。これを繰り返すことで、さまざまな「顧客を感動させる要因」が見つかった。

二〇一〇年一月、カリフォルニア州で試作版を配布し、翌年一月には、これを全国に広げた。こうして生まれたモバイル用アプリケーション、スナップタックスは、アップルストアとアンドロイドマーケットそれぞれで四つ星半の評価を獲得し、NPSは八〇台後半を達成した。

インドの例は、もっと参考になる。二〇〇八年、インテュイット・インドでは、あるチームが、確定申告用をはじめとするインテュイット・ノースアメリカの主力製品（どれもインドでは成功しそうになかった）とは別次元のアイデアを思い付いた。

それは、インドの零細農家向けのサービスという実に興味深いアイデアで、会社はその可能性を探ってみるよう、長らく開発マネジャーを務めてきたディーパ・バチュにゴーサインを出した。

バチュとエンジニアの二人は、何週間もかけて零細農家の日常を追いかけた。田畑で、村で、そして農作物を売買する市場で——。そして、これら農家民たちの最大のペイン・ポイントを突き止めた。すなわち、傷みやすい農産物の在庫、つまり売れ残ったり値がつかなかったりしたものである。もしインテュイットのサービスによって、これらが腐らないうちにそれなりの価格で売れるようになれば、彼らの悩みも緩和あるいは解消されるというものだ。

インドのチームは、ペイン・ストームとソル・ジャムの後、すぐさま実験に移った。七週間もしないうちにテストが始まり、それは最終的に、携帯メールをベースにした、買い手と売り手をマッチさせるマーケットプレースサイト、モバイルバザーとして正式にスタートした。

チームは、アクセススピードを速めるために、本来ならばコード化やシステム構築に時間もコストもかかる部分をうまくごまかした。これは後に「フェイコ・バックエンド」（偽物の後方事務）として知られるようになる。つまり、ユーザーには本物のように見えるが、そのユーザーインターフェースの裏側には、その作成に何カ月もかかったであろう何千行ものソースコードではなく、実際の人間がいたのである。言わば、カーテン越しのオズの魔法使いである。

最初のテストでは、半数の農家民が価格を一割高くすることができた。なかには五割増しという者もいた。立ち上げから一年足らずで、モバイルバザーの契約者は一八万人に達した。そのほとんどがクチコミである。インドのチームによると、平均一六%の値上げが可能であるという。

イノベーションを起こし企業文化を改革する

ハンソンは、みずからを含めた一〇人のイノベーション・カタリストの初年度における進歩と、この取り組みが社内に受け入れられたことに満足していた。ただし、この改革を成し遂げるために、これをさらに広げていく必要があることも承知していた。

新CEOのブラッド・スミスは、社内全体からイノベーションが生まれてくることを期待し、彼の言う「モバイル、ソーシャル、グローバル」という新領域を特に重視していた。

そこでハンソンは、さらに六五人のカタリストを選び、トレーニングし、スタンバイさせることを二〇一〇年度の目標にした（**章末**「イノベーション・カタリストを任命する」を参照）。

そのためには、製品管理やエンジニアリングなど、範囲を広げて人材を調達する一方で、カタリストたちを支援し、D4Dに対するミドルマネジャー層の理解を高めることを任務とする少人数のチームを立ち上げる必要があった。そこで彼女は、最初の一〇人の一人、スザンヌ・ペリカンに、カタリストの増強を任せた。

ハンソンは最初の取り組みから、デザイン思考に優れた人が必ずしも優れたカタリストになれるとは限らないことを学んでいた。いわく「私たちが必要としていたのは、デザイン思考ができる人だけでなく、D4Dを広めたい、みんなが素晴らしい仕事をするお手伝いをしたいという熱意の持ち主です。優れたアイデアをひらめいて、それをほかの人たちに伝えることではありません」。

カタリストには、助け合いも必要であった。ハンソンのチームは、最高の仕事ができるのは協力した時であることを知っていた。それゆえカタリストたちは、新しいアイデアや手法を学び合い、困難な状況下では精神的に支援し合う。

そこでペリカンは、これらカタリスト部隊を拡大するに当たり、各カタリストが事業部門の枠を超えた「集団」の一部であり、新しい手法を社内の端から端まで迅速に導入できることを確認した。

カタリストの価値を高めることを目指して、ハンソンは、ミドルマネジャーたちにコンセプトとしてデザイン思考を受け入れてもらい、その支援者としてイノベーション・カタリストを認めてもらうために、やはり最初の一〇人の一人であるジョセフ・オサリバンをリーダーとする第二のチームを立ち上げた。

たとえば、何人かのカタリストから「ディレクター層の抵抗に遭った」という報告を受けて、ハンソンとオサリバンは、リーダー層が直面する問題にそのまま使えるよう、リーダー研修プログラムにデザイン思考を組み込んだ。

ある研修プログラムでは、社員が使用する携帯電話関連費用を五〇万ドル削減するという任務が与えられたチームのリーダーに、ITディレクターが任命された。オサリバンたちはこのチームのために、ペイン・ストームとソル・ジャムに関するセッションを一日かけて実施した。

ITディレクターは所期の削減目標を達成し、また想像していた以上にスムーズにこの任務を片付けることができたとして、チームメンバーたちから高い評価を得た。このITディレクターをはじめ、リーダー研修プログラム参加者はD4Dの熱心な伝道師になった。

＊　＊　＊

インテュイットでは、パワーポイントよりも実験を奨励することで、すべての社員が顧客を満足させることから喜ばせることに努力するようになった。D4Dが支持されているのは、イノベーションの手段として明らかに優れているだけでなく、楽しく取り組めると評価されているからである。

社内では、イノベーション活動が飛躍的に増えた。たとえば主力製品ターボタックスの場合、二〇〇六年度にこの事業部が顧客に実施した実験はわずか一つだったが、二〇一〇年にはそれが六〇〇になった。また、クイックブックス事業部のそれは毎年数回程度だったが、二〇一〇年には四〇に増えた。こうしてインテュイットは、新しいビジネスチャンスをいち早く物にできるようになった。

ブラッド・スミスは、モバイル用アプリケーションという成長分野でD4D主導のイノベーションを推進し、二年足らずのうちに、このアプリケーションの数はゼロから一八に増えた。スナップタックスをはじめ、その多くが好調なスタートを切っている。NPSは全社的に上昇し、売上げと利益はここ三年間、右肩上がりが続いている。

スコット・クックはスティーブ・ジョブズになれなかったかもしれないが、インテュイットにはそのような人物は必要ないことがはっきりした。

イノベーション・カタリストを任命する

カーレン・ハンソンは二〇〇八年に、社内の同僚の何人かに、以下のようなメールを送った。

〔件名：D4Dフェーズ2――あなたの力を貸してください〕

あなたは、インテュイットのD4D第二フェーズを推進するサポート役に任命されました（上司の方もその参加を承認されています）。インテュイットがデザイン思考の文化で抜きん出た存在になるには、リーダーとしてあなたはなくてはならない人物です。使える手段はたくさんありますが、デザイン思考を社内に定着させるアイデアを生み出すには、あなたの力が必要です。

以下がその役割です。

・八月初旬、丸一日かけてブレインストーミングとワークショップを行うが、これに参加すること。ここでは、D4Dを次の段階に押し上げるために、我々が（デザイン思考の推進者として、また大手企業として）何をするのかについて検討する。ワークショップの終わりには、クック氏が我々のアイデアや計画について意見を述べる予定。
・この八月のワークショップで決まった取り組みを実践する。
・D4Dリーダーとして、全社的に目に見える活動を行う（例：D4D入門セッションやワークショップの「ファストパス」、あるいは、その他のリーダーシップセッションなどの指導を担当する。現在あるいは将来の貢献制度を通じてD4Dの知識体系化に寄与する。経営陣の代理人になるなど）。
・インテュイットという大手企業にとって頼りがいのある、D4Dのコーチあるいはファシリテーターになる（例：ブレインストーミングやデザイン評価などで、全社の主要チームを指導する）。

都合、月二日ほど割いていただくことになります。我々は、あなたのスケジュールに合わせられると思います。二〇〇九年度において、ご協力いただけるかどうか、お知らせください。また、前述の八月のワークショップについては、皆さんの予定を押さえさせていただきます。いまのところ、八月四日か五日、あるいは六日のいずれかで、マウンテンビューでフェース・トゥ・フェースのワークショップを開催する予定です。

第3章

大文字のイノベーションも必要である

ペンシルバニア大学 ウォートンスクール 教授
ジョージ S. デイ

"Is It Real? Can We Win? Is It Worth Doing?"
Harvard Business Review, December 2007.
邦訳「大文字のイノベーションも必要である」
『DIAMONDハーバード・ビジネス・レビュー』2008年9月号

ジョージ S. デイ
(George S. Day)
ペンシルバニア大学ウォートンスクールのジェフリー T. ボイジ記念講座教授。専門はマーケティング。同校のマック・センター・フォー・テクノロジカル・イノベーションの共同ディレクターでもある。HBR への寄稿に、ポール J. H. シューメーカーとの共著 "Scanning the Periphery," HBR, November 2005.（邦訳「生き残る企業は周辺視野が広い」『DIAMOND ハーバード・ビジネス・レビュー』2006 年 3 月号）がある。

イノベーションはなぜ少ないのか

新製品開発のポートフォリオにおいて、平均八五～九〇％の開発プロジェクトは比較的重要性が低いものであり、これらのプロジェクトによって望むような成長を実現できることは少ない。しかし、より有望なイノベーションに、より多くのリスクを負うことで、この傾向を反転させることができる。

一九九〇年から二〇〇四年にかけて、成長を目指したプロジェクトの数は増えているにもかかわらず、新製品開発のポートフォリオにおける重要なイノベーションの割合は、二〇・四％から一一・五％へと低下している。(注1)

その結果、安全性重視のイノベーションばかりがあふれている。これは、さまざまなプロジェクトの遅延や組織内のストレスにつながるだけでなく、売上目標の達成にも悪影響を及ぼしている。

私が「小文字のイノベーション」(innovation)と呼ぶ、このような小粒のイノベーションは、継続的改善という意味では必要だが、企業の競争力を強化するものではなく、収益にもほとんど貢献しない。企業にとっても、また社会のためにも、新しい「大文字のイノベーション」(Big I innovation)こそ、隣接市場への進出、革新的な技術開発へと導くものであり、売上予測と成長目標の間のギャップを埋める利益を生み出すものだ。

ある調査によれば、発売された新製品のうち、重要なイノベーションといえるものは一四％にすぎな

かったものの、調査対象企業がイノベーションから得られた利益の六一％が革新的な新製品によるものだったという。(注2)

大文字のイノベーションが取り組まれにくいのは、それがあまりにもリスキーであり、みごと開発に成功しても、リターンを生み出すまでに時間がかかりすぎると考えられているためである。

勝手知ったる市場で改善プロジェクトを繰り返すことに比べれば、たしかに失敗する可能性が極めて高い。しかし、リスキーなプロジェクトに背を向けてばかりいては、成長の可能性をみずから摘み取ることになりかねない。

この問題を解決するには、さまざまなイノベーションのリスクを正しく評価するシステマティックで厳密なプロセスを導入する必要がある。その際、以下で紹介する二つのツールを並行して利用することをお勧めしたい。

一つは「リスク・マトリックス」と呼ばれ、イノベーション・ポートフォリオ全体にわたるリスク・エクスポージャー（リスクの度合い）を視覚的に表現するものである。

もう一つは「RWW（real, win, worth it）スクリーニング」――「シュレロ・スクリーニング」とも呼ばれる――で、個々のプロジェクトを評価するために使われる。このスクリーニング手法は一九八〇年代以降、さまざまなバージョンが広まっており、ゼネラル・エレクトリック、ハネウェル・インターナショナル、ノバルティス、ミリポア、3Mなど、イノベーション・ポートフォリオにおけるプロジェクトの可能性とリスク・エクスポージャーを評価するに当たり、この手法を利用する企業が増えている。

たとえば3Mは、一五〇〇以上のプロジェクトをRWWスクリーニングで評価してきた。私はこのスクリーニングをさらに拡張し、四つのグローバル企業で数十件に及ぶプロジェクトの評価に用いたほか、ビジネスリーダーのみならず、ペンシルバニア大学ウォートンスクールの学生たちにもこの手法の使い方を教えてきた。

本稿では、これら二つのツールの利用法について段階的に解説するが、実際に用いる際には必ずしもそのように段階的に進むとは限らない。たとえば、これら二つのツールから得られた情報がプロジェクト後に再利用できる場合もあれば、二つのツールが相互に作用し合う場合もある。

いずれにしても、どちらのツールも構造的に設計されており、たいてい短期間で使いこなせるもので、正しく用いれば最大限の知見と価値を引き出すことができるだろう。

リスク・マトリックス

イノベーション・ポートフォリオのバランスを図るには、各プロジェクトのリスクがどのように分布しているのかを把握する必要がある。

リスク・マトリックスは、各プロジェクトに取り組むことが、当該企業にとってどれくらいチャレンジングなのかという視点から、独特の評価システムによりリスクを測定するものであり、これに基づいて成功確率あるいは失敗確率を予測する。つまり、ターゲット市場（x軸）と、製品や技術（y軸）について経験や知識が乏しいほど、リスクは高くなる（**図表3-1**「イノベーション・ポートフォリオのリスク評価」を参照)。

あるプロジェクトをマトリックスのどこにポジショニングするかは、ターゲット顧客の行動が既存顧客の行動とどれくらい似通っているか、コーポレートブランドがターゲット市場ではどれくらいの影響力があるか、自社の技術力と新製品の相性はどれくらいよいかなど、さまざまな要因について評価することで決まる。

この評価作業は通常、戦略の監視を担当するシニアマネジャー、および開発予算とその配分を決定する権限が与えられたシニアマネジャーで構成されたポートフォリオ評価チームによって、各開発チームの力を借りて実施される。ポートフォリオ評価チームのメンバーは、各プロジェクトについて個別に評価し、その理由を説明する。意見の相違が生じた場合は、議論してコンセンサスを形成する。

評価作業によって得られたスコアは、リスク・マトリックスにおける各プロジェクトの座標として用いられる。スコアを判定するには、優れた洞察力が要求される。

たとえば、マクドナルドがピザを販売しようとした時、ピザは同社の既存商品に近いという考えの下、これまでの顧客をターゲットに設定した。この時は、ピザは既存市場との相性がよく、リスク・マトリックスの左下にポジショニングされると予想された。

しかしこのプロジェクトは失敗に終わり、事後分析によって、ピザの導入は実はリスクが高かったことが明らかになった。ピザを三〇秒以内に調理し、提供する方法を誰も考え出せなかったため、注文待ちの行列ができてしまい、マクドナルドのサービスデリバリーモデルには合わなかったのだ。すなわち、マクドナルド・ブランドはピザの販売にパーミッションを与えなかったのである。

リスクと売上げ

下のリスク・マトリックス上の点はそれぞれ、架空の企業のイノベーション・ポートフォリオに含まれる個々のプロジェクトを示している。点の大きさは、各プロジェクトの売上予測に比例している。なお開発予算や他の財務指標で代替することもできる。このポートフォリオは、リスクもリターンも比較的小さいプロジェクトが多く、企業に典型的な分布になっている。

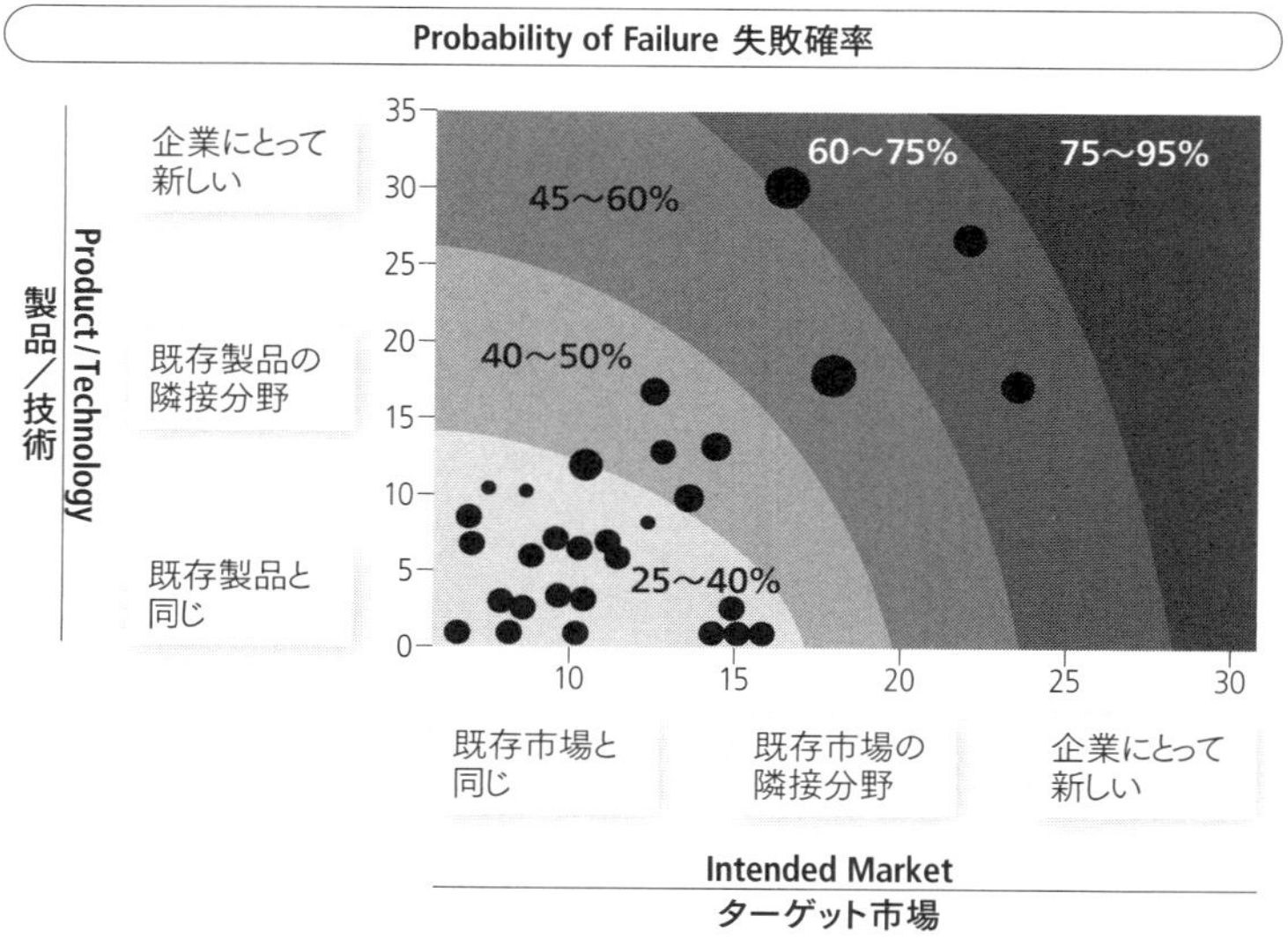

失敗確率に一定の幅を持たせているのは、失敗の定義をはじめ、新しい市場と技術の中身が企業によって異なるからである。ただしこれらの失敗確率は、動きの速い消費財（漸進的イノベーションが長期的に失敗する確率が高い）や医薬品には当てはまらない。

また、その製品が「企業にとって新しいこと」と「一般に新しいこと」を区別していない。これらはまったく別物だが、私の経験では、企業にとって画期的なイノベーションは、一般にも新しいものであることが多い。ここでは本稿の目的を考え、これら2つが広く重なっているものと見なしている。また、「市場」という言葉は地理的地域ではなく、顧客を意味している。

図表3-1｜イノベーション・ポートフォリオのリスク評価

リスク・マトリックス

このツールは、イノベーション・ポートフォリオ全体におけるリスク分布を明らかにするものである。それぞれのイノベーションが「リスク・マトリックス」（注）のどこにポジショニングされるかは、2軸、すなわち1つはターゲット市場にどれくらい精通しているか（x軸）、もう1つは目的の製品や技術をどれくらい熟知しているか（y軸）の数値によって決まる。なお、それぞれの数値は、p.44～45の「マトリックス上にプロジェクトのポジショニングをする」の表を用いて算出される。

既存市場をターゲットとする慣れ親しんだ製品は、マトリックスの左下に位置し、失敗の可能性が低いことを示している。一方、あまり詳しくない市場をターゲットとする新製品は右上に位置し、失敗の可能性が高いことがわかる。

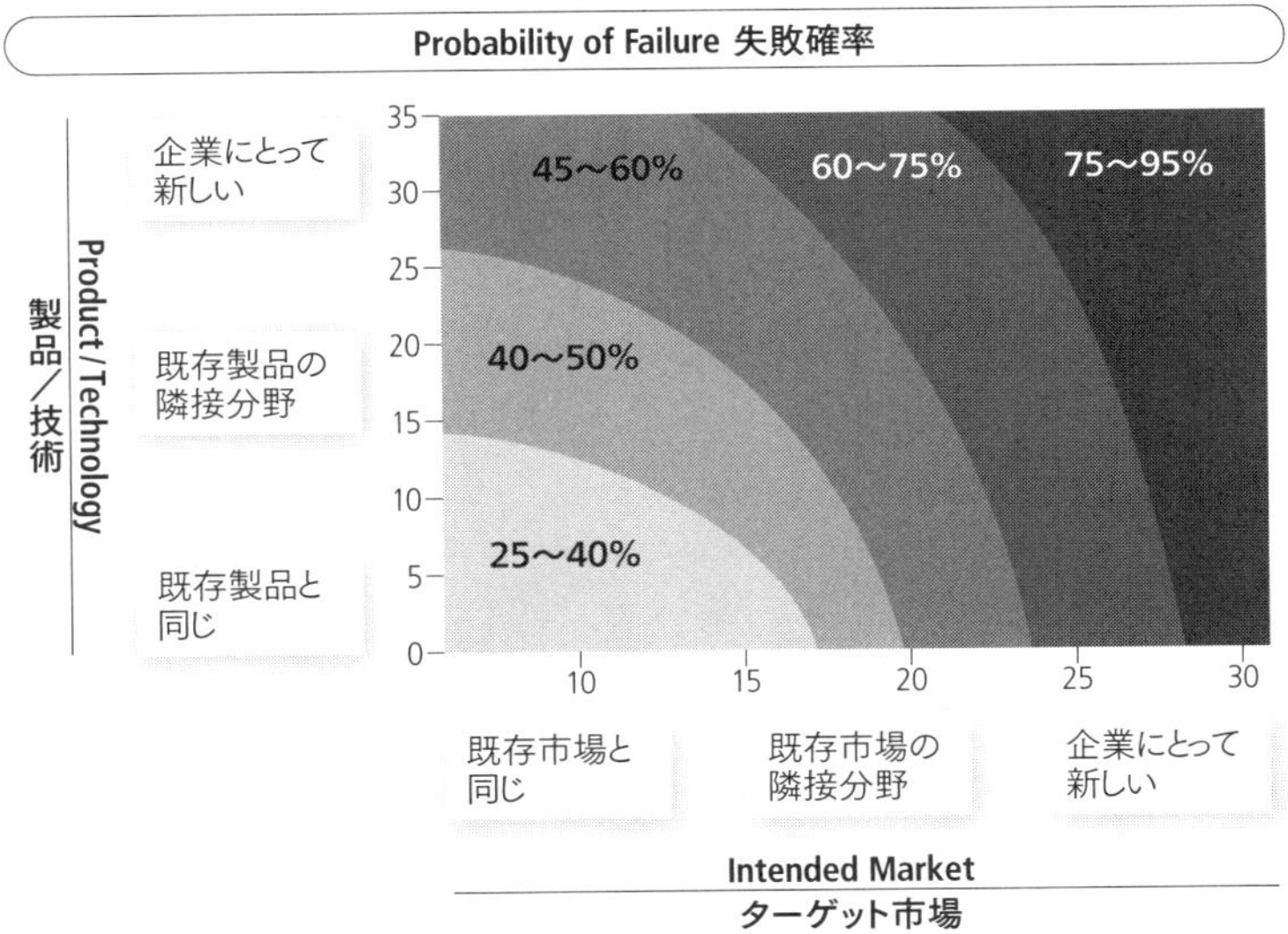

【注】

このリスク・マトリックスは、買収や提携の経済効果に関する膨大な文献、製品やサービスのイノベーションに関する数々の報告書、A. T. カーニーや他のコンサルティング会社が蓄積してきたコンサルティングリポートなどを参考に考案された。

私はここで「失敗」の定義を広くとらえ、「成長に向けたプロジェクト投資を正当化する当初目的が、ほとんど未達に終わった場合」という意味で使っている。失敗確率の予測に当たっては、イノベーションプロジェクトに関わったコンサルタントおよび経営幹部への数十回にわたるインタビューによって検証し、これは、新製品の失敗確率を平均40％程度と報告した、いくつかの調査結果ともほぼ一致している。

Product / Technology 製品／技術

	完全に活用できる		相当の修正が必要になる		まったく活用できない	
現在の開発能力は……	1	2	3	4	5	
技術力は……	1	2	3	4	5	
知的財産保護策は……	1	2	3	4	5	
製造システムとサービス提供システムは……	1	2	3	4	5	

	自社の既存製品に求められるものとまったく同じである		自社の既存製品に求められるものとある程度重なっている		自社の既存製品に求められるものとまったく異なっている	
必要な知識基盤や科学的基盤は……	1	2	3	4	5	
製品とサービスに求められる機能は……	1	2	3	4	5	
予想される品質水準は……	1	2	3	4	5	
					合計（y軸の座標）	

マトリックス上にプロジェクトのポジショニングをする

画期的な製品やコンセプトそれぞれについて、表の縦に並んだ項目（左側）それぞれについて、横に並んだ質問ごとに5段階評価する。「ターゲット市場」の6項目の評点を合計すれば、そのプロジェクトのリスク・マトリックスのx軸の座標が求められる。同様に、「製品／技術」の7項目の評点を合計すれば、y軸の座標が得られる。

Intended Market ターゲット市場

	自社の既存市場と同じ		自社の既存市場と部分的に重なる		自社の既存市場とまったく異なる、または未知数	
顧客の行動と意思決定プロセスは……	1	2	3	4	5	
自社の流通および営業活動は……	1	2	3	4	5	
競争環境（既存企業または潜在的参入企業）は……	1	2	3	4	5	

	有効である		ある程度有効である		まったく有効でない	
自社ブランドの約束は……	1	2	3	4	5	
自社の顧客リレーションシップは現在……	1	2	3	4	5	
自社が知っているライバルの行動と意図に関する知識は……	1	2	3	4	5	
					合計（x軸の座標）	

ファストフードを好む同社のコア顧客たちのデモグラフィックス（人口統計データ）は、ピザの愛好家のそれと類似していたが、顧客がマクドナルドに期待するものにピザは含まれていなかったのだ。

リスク・マトリックスが完成すれば、たいてい次の二つのことが判明する。一つは、企業はきちんと管理できないほどのプロジェクトを抱えているということ、もう一つは大文字のイノベーションと小文字のイノベーションの分布が偏っていることである。

ほとんどの企業が自社のリスク・マトリックスを見て、プロジェクトの大多数がマトリックスの左下に固まっており、右上に向かうほどにプロジェクトの数が少なくなっていることを知るはずだ。

このようなアンバランスは、それほど驚くことではないが、およそ健全とはいえない。DCF（割引キャッシュフロー）法など、投資プロジェクトを評価する財務手法は概して、大文字のイノベーション――利益が上がるまでに時間がかかり、不確実な要因が多い――には厳しい評価を下しやすい。

しかも、顧客やマーケティング部門から製品の継続的改善が求められるため、それに対処する小文字のイノベーションのために、R&D予算が枯渇してしまう傾向も見られる。

リスク・マトリックスは視覚に訴えるため、プロジェクトの組み合わせ、戦略的に見たプロジェクトとそのリスクの許容度について継続的に討論するうえでの出発点となる。そして次のステップは、各プロジェクトの成功確率ないしは失敗確率について詳細に検討することである。

RWWスクリーニング

RWWスクリーニングは単純なものだが、極めて強力なツールで、イノベーションのコンセプト、新製品とその潜在市場、自社のケイパビリティと競合他社のそれに関する一連の質問に基づいて進められる（**図表3－2**「RWWスクリーニングのステップ」を参照）。

この手法は、続行か中止かを決定するための評価プロセスではなく、システマティックなプロセスであり、製品開発における複数の段階に適用可能である。その目的は、誤った前提、知識格差、潜在的なリスク要因を明らかにすること、そして改善に向けて考えられる手段すべてを追求しているかどうかを確認することにある。

RWWスクリーニングによって、プロジェクトの足を引っ張っている問題を特定し排除する、またリスクを封じ込めることが可能になるが、加えて、もはやどうにもならず、それゆえプロジェクトの中止を余儀なくさせる問題も明らかになる。

イノベーションは本質的に、混乱、非線形性、冗長性を伴う。本稿では、議論を難しくしないために、RWWスクリーニングの使用をプロジェクトの初期段階に限定し、製品コンセプトの実行可能性を判断するためだけに用いるものとする。

とはいえ実際には、コンセプトづくりの段階、プロトタイプを製作する段階、上市計画の初期段階な

Is It Real? 現実的か

その市場は現実的といえるか。

- その製品へのニーズや欲求が存在するか。
- 顧客はその製品を購入できるか。
- 潜在市場はそれなりの規模か。
- 顧客はその製品を買うだろうか。

その製品は現実的といえるか。

- 製品コンセプトは具体的か。
- その製品を本当につくれるのか。
- その製品は市場を満足させられるか。

Can We Win? 勝てるか

その製品に競争力はあるか。

- その製品は競争力を持ちうるか。
- 現在の競争優位を維持しうるか。
- ライバルはどのように対応するか。

自社に競争力はあるか。

- 他社にはない経営資源を持っているか。
- プロジェクトマネジメントに長けているか。
- ターゲット市場を理解し、対応できるか。

Is It Worth Doing? やるだけの価値があるか

その製品は、許容できるリスクに見合った利益を上げられるか。

- コストが利益予測を上回るか。
- リスクは許容範囲内か。

その製品を発売することに、戦略上の意味があるか。

- 製品は全社的な成長戦略に貢献するものか。
- トップマネジメントは支持しているか。

図表3-2 | **RWWスクリーニングのステップ**

開発チームは、イノベーション・ポートフォリオに示される製品コンセプトのそれぞれについて、右のRWWスクリーニングを用いて評価すべきである。

左から縦1列目の質問、すなわち「現実的か」「勝てるか」「やるだけの価値があるか」の問いに、ためらいなくイエスあるいはノーと答えるには、その根拠となる2列目、3列目の質問について深く掘り下げ、揺るぎない答えを求める必要がある。「かもしれない」という答えが出ることも少なくないだろうが、チームは「ノー」や「かもしれない」を「イエス」に変えるために、あらゆる方策を探るべきである。

2列目の質問のいずれかに「ノー」があった場合、失敗に終わることがほぼ確実であり、通常であればプロジェクトは中止となる。

3列目の質問のいずれかで、同じく「ノー」があった場合も、その継続に強固に反対する根拠となる。

このスクリーニングにおける2列目と3列目の質問は、筆者が協力したある2つの会社での、50を超える失敗製品の評価から得られたものである。その際、調査チームのメンバーたちに「どのような質問にちゃんと答えられていれば、この失敗を防げただろうか」と質問し、そこから得られた回答である。

ど、製品開発プロジェクトの各段階で繰り返しスクリーニングを実施することになるだろう。

このようにスクリーニングを繰り返すことで、製品、市場、財務に関するより詳細な分析が評価作業に織り込まれ、その結果、スクリーニングにおける各種質問への回答がより正確性を増していく。

RWWスクリーニングによって、次の六つの基本的な問いへの答えを深く掘り下げることができる。

❶その市場は現実的といえるか。
❷その製品は現実的といえるか。
❸その製品に競争力はあるか。
❹自社に競争力はあるか。
❺その製品は、許容できるリスクに見合った利益を上げられるか。
❻その製品を発売することに、戦略上の意味があるか。

これらの問いに答えるに当たり、開発チームは、さらに詳しく掘り下げた問いを補足的に用いることになるだろう。そして、それぞれの問いについて、その答えが一〇〇%のイエスと一〇〇%のノーの間のどこに位置するかを決定する。

①~⑤までの問いのいずれかが疑いなくノーである場合、そのプロジェクトはたいてい中止される。その理由は明らかである。たとえば、「その製品に競争力はあるか」という問いへの答えが全員一致でノーであり、これをイエスに変える方法またはその可能性をまったく見出せない場合、それ以上開発を

続けることは非合理的である。

ただし、あるプロジェクトがＲＷＷスクリーニングのこれら五つの問いをクリアし、したがって素晴らしいビジネスチャンスであるとわかった場合、「その製品を発売することに、戦略上の意味があるか」という六番目の問いの答えがノーであったとしても、大目に見る場合もある。

以下では、ＲＷＷスクリーニングのプロセスについて概説し、妥当な回答を導き出すにはどれくらい掘り下げる必要があるのかを示したい。ここでは、言うまでもなく、それぞれの問いが提起する問題すべてに言及するわけにはいかない。開発チームが問題を掘り下げる深さは、それぞれの意思決定段階によって異なるだろう（**章末**「スクリーニングチームの仕事」を参照）。

現実的か

市場が存在するか否か、その市場を満足させられる製品を開発できるか否かを判断することが、製品コンセプトのスクリーニングにおける最初の作業である。これら二つのステップによって、その潜在市場を検討している企業すべてに、どれくらいのチャンスがあるのかがはっきりするため、検討の第一段階から、どれくらい厳しい競争環境なのかを知ることができる。

潜在市場を調査する前に、想定する製品を実際に実現できるのかどうかについてまず問うべきではないかと思われるかもしれない。しかし、市場の把握を優先する理由は二つある。

一つは、技術的な製造能力に比べて、市場の頑健性《ロバストネス》（この場合、市場がシステムとして機能しうること）は不確実であることだ。これは、リスク・マトリックスによって得られる知見の一つでもある。したがって、製品や技術がわからない場合よりも、市場がわからない場合のほうが失敗確率は高い。

市場コンセプト、すなわち、何が対象セグメントか、またどうすれば新製品を市場ニーズに対応させられるかに関する認識を結晶化させる能力は、新製品や新技術をうまく市場化する能力よりもはるかに重要である。事実、プロクター・アンド・ギャンブル（P＆G）の調査によれば、ほとんどのカテゴリーにおいて、失敗製品の七割は、きちんと市場を把握できなかったことに起因しているという。

一九八五年に鳴り物入りで発売されたニュー・コークは、典型的な市場コンセプトの失敗例である。一方、一九九七年に設立されたネットフリックスは、宅配ビデオレンタルという市場コンセプトを正しく結晶化できた例である。どちらも、成否を左右したのは企業の市場認識であり、既存技術をうまく活用する能力ではなかった。

もう一つの理由は、市場特性を明らかにすることで、技術に走ること――コスト高になりがちである――を回避できる可能性が高いことである。

どのような問題を解決すべきか、あるいはどのような顧客ニーズを満たすべきかよりも、どのように問題解決すべきかを重視する企業は、この症候群に悩まされることが多い。セグウェイのパーソナル・トランスポーターや、モトローラの衛星携帯電話サービスのイリジウムは、いずれも技術に走ったことで失敗した典型である。

セグウェイのパーソナル・トランスポーターは、二輪構造をジャイロスコープによって安定させるという独創的な技術だったが、あらゆるターゲット市場において移動に関する問題を解決できなかった。

イリジウムが消え去った理由についてはさまざまに議論されるが、一つの可能性として挙げられるのは、衛星携帯電話サービスが地上の無線基地局のローミングを活用する携帯電話サービスと比べて、ほとんどの旅行者のニーズをコスト効率的に満たせないことが判明したためだろう。

開発プロセスの初期段階におけるスクリーニングでは、市場と製品の現実性について検討すべきであり、大文字のイノベーションの場合、とりわけそうである。小文字のイノベーションでは、すでに代替製品が市場に出回っているため、現実的であることは実証されている。

❶市場は現実的といえるか

市場にチャンスがあるといえるのは、次の四つの条件がすべて満たされた場合だけである。

- 企画提案された製品が、市場ニーズへの対応や問題解決といった点で、既存の代替製品よりも明らかに優れている。
- 顧客が、その製品を買うことができる。
- 潜在市場は魅力的な規模である。
- 顧客は、その製品をすすんで購入する。

●その製品へのニーズや欲求が存在するか

市場調査によって、見過ごされているニーズ、あまり満たされていないニーズの存在が明らかになっている必要がある。

実地調査、エスノグラフィック調査（文化人類学的な質的調査）やその他のツールを用いて、顧客の行動、欲求、モチベーション、フラストレーションについて調べなければならない。

セグウェイが不振に終わったのは、市場調査の失敗が一因である。セグウェイは最初期の段階で、消費者たちに自動平衡式二輪輸送機というニーズがあるかどうかを確認するのを怠った。

●顧客はその製品を購入できるか

ニーズを把握したら、次に問うべきがこの問いである。企画提案された製品が一定のニーズを満たし、優れた価値を提供するものだったとしても、購入を妨げる物理的な障害が存在するならば、現実的な市場機会があるとは言いがたい。

予算の制約によって製品を購入できないのではないか。実際、教師や学校の役員たちは、教育用技術への投資に概して熱心だが、資金が足りないという場合が少なくない。

そのほか、新製品がクリアしなければならない法規制はあるか。新製品への切り換えを妨げるような契約に顧客が縛られていないか。製造や流通にまつわる問題のせいで製品の入手が妨げられる可能性があるか。

●潜在市場はそれなりの規模か

たとえば、トロンボーン用オイルの市場に参入するのは危険である。その製品が明らかにニーズに応えられるにしても、このような市場ニーズは極めて小さいからだ。製品開発の根拠となりうる潜在購入者が一定規模以上存在しなければ、その市場機会は現実的とはいえない。

●顧客はその製品を買うだろうか

顧客自身の中に購入を妨げる障害が潜んではいまいか。類似する競合製品がある場合、顧客はその製品と比較して、特徴、能力、コストといった面で、新製品の価値のほうが優れているかどうかを検討する。

言うまでもないが、価値の向上は、必ずしも性能の向上を意味しない。任天堂のＷｉｉ、家庭用除細動器（ＡＥＤ）、セールスフォース・ドットコムがウェブサービスとして提供しているＣＲＭソフトウェアなど、大成功した大文字のイノベーションは、既存製品より優れているのはほんのわずかな点だけで、多くの点では他と比べて単に凡庸でしかない場合が少なくない。逆に、革新的な性能を実現した大文字のイノベーションでも、顧客が既存製品より優れている点がないと判断した結果、失敗してしまったケースもある。

顧客に具体的なニーズや欲求があったとしても、これまでの習慣を変えるのはあまりに面倒だと感じる、あるいは「これを買うのはリスキーである」と確信したことで購入を控える場合もある。

ある企業が、機械の日常的なメンテナンス作業で使われる補修用エポキシ接着剤の新製品を発売した時、まさしくこの問題に直面した。この製品を使えば、機械を停止させなくてもよくなり、コストも削減される。このように他に類のない価値を提供したにもかかわらず、ターゲットであったプラントエンジニアや製造責任者たちはこの製品を受け付けなかったのである。

エンジニアたちは、製品が本当に有効なのか、さらなる確証を求めた。また製造責任者たちは、製品の使用による機械の損傷を懸念した。これら二つの顧客グループは、いずれもリスクを回避したのである。

この新製品がなぜ不振に終わったのか、事後分析してみたところ、エンドユーザーである保守スタッフたちは、プラントエンジニアや製造責任者たちと異なり、さまざまな新しいソリューションを試してみたいと思っていることがわかった。しかも、これら保守スタッフは自分たちの予算で製品を独自に購入できるため、上からの使用拒否を回避できることもわかった。

こうして、保守スタッフにターゲットを変更し、再発売したことで、どうにか成功を収めることができたものの、この遅れは高くついた。しかも、事前にちゃんとスクリーニングしていれば、回避できるものだった。

顧客は、その製品は期待に応えられるものではないのではないか、あるいはより優れた製品がまもなく登場するかもしれないと勝手に予測して購入を控える場合もある。このような顧客の消極性を検討するに当たっては、競合製品が改善される可能性について予測しなければならない。

たとえば、第三世代携帯電話に寄せられた期待は、第二・五世代携帯電話が、たとえば高感度アンテナなどを導入したことで、既存技術のパフォーマンスが大幅に向上した結果、水を差されてしまった。

市場の現実性を確認したならば、次は製品コンセプトを詳細に検討し、ターゲット市場の検証を充実させるべきである。

❷製品コンセプトは具体的か

製品コンセプトがどのような技術と性能を要求するのかは、開発作業が始まる前では曖昧なことが多く、また製品の厳密な特徴についてもチームメンバーの間で見解がまちまちな場合が少なくない。この段階では、これらさまざまな見解を表出させ、どのような製品を開発すべきか、正確に把握しておくべきである。

プロジェクトが進行し、開発チームが市場の現実を理解していくにつれて、「何が必要なのか」がはっきりしてくる。その結果、技術仕様が固まるだけでなく、製品コンセプトが法的にも、社会的にも、また環境的にも許容されるものかどうかを評価できる。

●その製品を本当につくれるのか

製品コンセプトが固まったならば、製品を本当につくれるのかどうか、検討しなければならない。利用可能な技術や素材でつくれるのか、それとも何らかのブレークスルーが必要になるのか。その製品を製造可能な場合、コスト効率よく製造し提供できるか、それとも価格があまりにも高すぎて、潜在顧客に避けられてしまうだろうか。

製造可能と判断するには、企画提案された製品にはバリューチェーンが存在するか、あるいは製品が容易かつ低予算で開発できるかといったことに加えて、製品間の互換性を確保するうえで標準的な技術規格に適合しているかどうかも確認する必要がある。

数年前、沖合に錨泊させた巨大な浮遊構造体上で原子力発電所を建設するという、野心的な提案を評価するために、このＲＷＷスクリーニングが用いられた。電力会社は、冷却の問題のみならず、建設を反対する近隣住民のエゴといったニンビー症候群（ゴミ焼却場や原子力発電所など、必要な施設だが、自分たちの生活圏に建設されることを嫌う現象）を同時に解決できるこのアイデアに興味を示していた。

しかし、この「製品は現実的といえるか」の段階において、巨大な構造物ゆえにたわみが生じるのは避けられず、金属疲労のほか、ポンプとタービンのジョイント部分の摩耗につながることが判明した。

この問題は克服できないと考えられたため、スクリーニング・チームは、何らかの技術的ブレークスルーがない限り、実現可能性が否定されると判断し、「可能性あり」に変わることもありえないと結論し、開発作業は中止された。

●その製品は市場を満足させられるか

開発プロセスの間、さまざまな妥協の末に性能が変化し、技術、製造、システムといった面で予期せぬ問題が起こったりして、製品の特徴は修正される。プロジェクトの進行中に、このような変更が加えられるたび、顧客の期待に応えるよう設計された製品だったにもかかわらず、少しずつ潜在的な魅力を失っていく可能性がある。

この変化を追跡できないと、製図板の上では素晴らしく思えた製品が、実際に発売してみると、市場から受け入れられなかったという結果を招きかねない。

前評判通りの成果をなかなか出せない電子書籍の例を考えてみよう。大容量メモリーや画期的なディスプレー技術を誇る最新のソニー製電子書籍リーダーでさえ、その使用感は従来の書籍を読む感覚にはとうてい及ばない。

白地に黒い文字の表示が可能という触れ込みだったが、実際には薄い灰色の地に濃い灰色の文字に近い。また、多数の書籍を搭載できるとか、テキストを検索できるといった比類のない機能を備えているものの、三〇〇ドル近い価格を考えると、多くの消費者にとってとても魅力的とはいえない。

しかしおそらく最も重要なのは、消費者が普通の書籍に十分満足していることだろう。二〇〇七年七月の時点で、電子書籍のカテゴリーの年間売上高は合計でようやく三〇〇〇万ドルに達する程度である。

勝てるか

開発チームは、市場と製品の両方が現実的であると確認できたならば、十分な市場シェアを獲得・維持できる能力が自社にあるのかどうかについて検討しなければならない。

チャンスが現実に存在するからといって、成功が保証されているわけではない。チャンスが現実的であればあるほど、貪欲なライバルがそれに目をつけている可能性は高い。市場がすでに確立されている場合、既存企業はイノベーションを模倣したり、別のイノベーションによって追い越したりすることで、自分のポジションを守ろうとするだろう。

複数の調査が明らかにしている、新製品が失敗する理由の上位三位のうち二つが、この「勝てるか」どうかを分析することで、あらかじめ把握できる。その二つとは、目標シェアを達成できないこと、そして予想以上に早く価格が下がってしまうことである。なお三つ目は、市場規模が予想より小さい、あるいは市場成長が予想より遅い場合である。

ＲＷＷスクリーニングのこの段階での問いによって、次の二つの事柄が区別される。一つは市場で成功できる製品の能力、もう一つはさまざまな経営資源や経営手腕によって、その成功を後押しする自社の能力である。

顧客が数々の類似品の中から一つの製品を選び出すのは、優れた特徴、ライフサイクルコストの削減、リスクの軽減といったさまざまなメリットの組み合わせから判断して、その製品がより優れた価値をもたらすと見なしたからである。

❸その製品は競争力を持ちうるか

開発チームは、当該製品における知覚できる価値の源泉すべてを評価し、この問いについて検討しなければならない。ここでは、市場と製品の現実性を検討する際に参考にした顧客調査を、その必要に応じて拡大すべきである。

自社以外に、同じパフォーマンスやメリットを提供できる企業があるだろうか。たとえば、ある企業が有望と思われるラミネート技術を開発した時、技術者たちはこれに強い興味を示したが、顧客の製造部門がより低コストで同じような改良を実現したため、製品としては失敗に終わった。

開発チームはまた、製品が他の有形無形のメリットをもたらしうるかどうかについて検討すべきである。

有形のメリットとして、ライフサイクルコストの低減、安全性の向上、品質の改善、メンテナンスやサポートの軽減などが挙げられる。

また無形のメリットとしては、ハイブリッド自動車や人工毛皮のコートのように、社会的に許容されることなどが挙げられる。

さらに、製品ブランドの信頼性によって、リスクが軽減することを顧客に約束できるかどうかについても考える必要がある。

●現在の競争優位を維持しうるか

競争優位は、模倣者を封じ込める能力の高低に比例する。防御の最前線となるのは、まさしく特許である。開発チームは、開発中の製品に所有する特許の効力が及ぶかどうかを検討し、関連する知的財産を守るには、どのような特許を追加取得する必要があるかを判断しなければならない。

また、ライバルが自社製品をリバース・エンジニアリング（分解して調査すること）したり、あるいはその他の方法で製品の成功に不可欠な特許を回避したりする可能性があるかどうかも、検討すべきである。

競争優位が組織の暗黙知に依存している場合、このような知識を保護できるだろうか。たとえば、そのような知識の持ち主の離職を防ぐにはどうすればよいか。模倣を防ぐ方法はほかにもあるのか、またそれはどのような方法か。乏しい経営資源を確実に保持できるか、あるいは独占供給契約を結ぶことは可能か。

3Mのコンピュータ・プライバシー・フィルターのケースを考えてみたい。3Mのマイクロルーバー技術はほかに類を見ないプライバシー保護機能を実現するものだったが、製品が高価なため、小規模なニッチ市場でしか売れないおそれがあり、プロジェクトの成否が危ぶまれた。

しかし、RWWスクリーニングの結果、この技術が特許によって保護されており、同じ性能を実現できるライバルが存在しないことがわかった。また、コンピュータ用反射防止フィルターという近隣市場にチャンスが潜んでいることも判明した。

3Mはこれらの知見を踏まえ、事務用品市場における自社のブランド・エクイティと販売上のプレゼンスを活用しつつ、プライバシー保護フィルターと反射防止フィルターのフルラインアップを発売した。このシリーズは五年後、3Mで最も成長率の高い事業の一つになった。

●ライバルはどのように対応するか

特許によって保護できる、今後そうできる場合、開発チームは次に、特許では回避できない競争上の脅威について検討する必要がある。その出発点となるのが「レッドチーム演習」(敵の視点から見る方法)である。自社製品を攻撃するならば、どのような弱点を突いてくるだろうか。また、そのような弱点を減らすには、どうすればよいだろうか。

多くに共通するミスの一つが、発売前に新製品の微調整を行っている間、ライバルはまだ手をこまぬいていると楽観してしまうことである。したがって開発チームは、新製品が発売されると、顧客の目には競合製品がどのように映るのか、ライバルが発売後にどのように反応してくるのか、自社はそれにどのように対処できるのかを検討しなければならない。

最後に、ライバルの出方が価格に及ぼす影響について検討すべきである。価格競争が続いた場合、その製品ははたして生き残れるだろうか。

❹自社に競争力はあるか

新製品の勝利を確認できたならば、開発チームは次に、自社の経営資源、プロジェクトマネジメント能力のほか、市場の声をライバルよりもうまく活かせるかどうかについて検証しなければならない。そうではない場合、製品がいかに優れていようと、競争優位を維持できない可能性がある。

●他社にはない経営資源を持っているか

新製品の価値を顧客に認知させ、かつライバルよりも優れた経営資源を持っている、あるいは獲得できるならば、成功確率は大幅に高まる。エンジニアリング、サービスの提供能力、ロジスティックス、ブランド・エクイティなどの面で優れていれば、顧客の期待によりよく応えられるだけでなく、それだけ新製品の競争力を向上できる。

たとえば欧州の格安航空会社イージージェット・エアラインは、利便性、低価格、その市場に適したブランディングを一つにパッケージできる能力を活かして、個人事業者など価格感度の高い顧客に訴求することで、クルーズやレンタカーといった分野への参入に成功している。

優れた経営資源がなくとも、即効性のある対策によって代替できるケースも少なくない。たとえば、高効率照明器具の某最大手メーカーが地方自治体市場への参入を試みた時、この企業は二つの障害を発見した。一つは買い手に自社が知られていないこと、もう一つは競争入札に参加したことがなかったことである。

同社は、これらの問題を克服するため、競合分析、ライバルの入札価格の予想、提案書の作成といったスキルを有する人材を採用した。彼ら彼女らの中には、それこそ競合から転職してきた人もいたため、そのライバルはその分不利になった。

ただしブランド・エクイティのように、経営資源不足をそう簡単には克服できないものもある。そこで開発チームは、経営資源の検討作業の一環として、コーポレートブランドによってターゲット市場に参入した場合、許容されるのか、あるいは拒否されるのかについても検討する必要がある。

たとえば3Mというコーポレートブランドは、高品質で革新的な事務用品を連想させるため、プライバシー・フィルターを強力に支援するものとなったが、マクドナルドというコーポレートブランドを展開しても、ピザは許容されなかった。マクドナルドのブランド・エクイティがパパ・ジーノなどのライバルよりも優れているかどうかを、マクドナルド経営陣が検討していたならば、優れているとは断言できないという曖昧な答えで留まっていたことだろう。

●プロジェクトマネジメントに長けているか

開発チームはここで、自社にターゲット市場での経験、たとえば過去に参入したことがある、間接的に知っている、まったくの未知である等について検討しなければならない。同時に、自社の開発プロセスにおけるスキルがプロジェクトの規模と複雑性に対応できるかどうか、そのプロジェクトが自社の企業文化に合っており、旗振り役となる適材がいるかどうかも検証する必要がある。

プロジェクトを成功させるには、熱心な旗振り役がおり、チームにたえず活力を吹き込み、経営陣にビジョンを売り込み、懐疑的な雰囲気や逆境を克服し、プロジェクトを前進させなければならない。ただし、このような旗振り役は熱心さのあまり、プロジェクトに潜んでいる問題を見逃し、プロジェクトの実現可能性を証明しようとして偏った調査を実施してしまう場合もあるため、スクリーニングのプロセスを通じて、その旗振り役の主張を建設的な批判にさらす必要がある。

●ターゲット市場を理解し、対応できるか

製品開発を成功させるには、市場調査ツールを使いこなす能力、顧客の声にあまねく耳を傾ける姿勢、そのような声を開発チームのメンバーと共有する能力が求められる。潜在顧客から繰り返しフィードバ

ックを求め、コンセプト、プロトタイプ、プライシングを洗練していけば、欠点を直すための改善プロジェクトの必要も減っていく。

ところが、開発が終わるまで、製品価格について考えない企業が実に多い。その後ようやく、顧客から受け入れられない価格であることを知る場合もある。P&Gはこのようなことが起こらないように、開発プロセスの早い段階から価格調査を実施している。また、開発中の製品を実際に買ってもらうよう、顧客に依頼している。顧客が「製品が出たら買うつもりです」と答えても、将来の購買行動を占う指標としては信頼できないからだ。

プロジェクトがこれまでのすべての検証をクリアしても、それだけでやってみるだけの価値があることにはならない。スクリーニングの最終段階では、その価値について財務面と戦略面からより厳密に分析する。

❺その製品は、許容できるリスクに見合った利益を上げられるか

この問いの答えが、ためらいなく「イエス」であると経営陣が納得しない限り、新製品が発売されることはほとんどない。

経営陣を説得するには、投資額、マーケティング費用、コスト、利益率について、発生時期と金額を予想し、損益分岐点、キャッシュフロー、NPV(正味現在価値)その他の標準的な財務指標を把握することに時間をかけ、上市計画は野心的なものと慎重なものの二種類を用意し、それぞれについて収益

性とキャッシュフローを予測するといった作業が欠かせない。また財務予測には、競争優位を維持するうえで必要な製品機能の拡張と改良に関するコストも含めるべきである。

周知の通り、財務指標による新製品の業績予測はえてして信頼性が乏しい。プロジェクトマネジャーたちは、限りある経営資源を他のプロジェクトと奪い合っていることを承知しており、自分のプロジェクトが不利になることを嫌う。

したがって、開発チームの用意する財務業績予測の報告書が、経営陣が望む財務条件を満たしているのも驚くには当たらない。財務業績予測が、操作、自信過剰、偏りの影響を被りやすい以上、経営陣がプロジェクトの収益性について判断する場合も、スクリーニングにおける各種質問に厳格に答えた結果に基づいていなければならない。

やるだけの価値があるか

予測の危険性は、まず標準的な感度テストで評価できる。すなわち、価格、市場シェア、発売のタイミングを少し変化させることで、キャッシュフローおよび損益分岐点にどのような影響が生じるのかを予想するのだ。このようなちょっとした変化でも財務業績に大きな影響が及ぶとすれば、それだけリスクが高いといえる。

財務分析では、機会費用についても考慮すべきである。経営資源を一つのプロジェクトに投じれば、他のプロジェクトの進展を阻害する可能性があるからである。

リスクをより深く理解するには、ＲＷＷスクリーニングで明らかになった失敗の潜在的原因についてもれなく考慮し、それらを軽減する方法を考えてみるとよい。市場や技術について、自社にはない強みを有する企業と提携するといったことも考えられるだろう。

❻その製品を発売することに戦略上の意味はあるか

市場とコンセプトに現実性があり、製品も企業も強く、プロジェクトが確実に収益をもたらすとしてもなお、その発売に戦略上の意味があるとは限らない。開発プロジェクトの戦略上の根拠を評価するため、さらに二つの問いに答えなければならない。

●製品は全社的な成長戦略に貢献するものか

言い換えれば、以下のような問いになる。

・その製品は、たとえば製造やロジスティックスその他の能力を改善し、自社のケイパビリティの向上をもたらすものだろうか。
・ブランド・エクイティに及ぼす影響はプラスか、マイナスか。
・自社の既存製品とカニバリゼーションを起こすか、逆に既存製品の売上げを伸ばすか。前者の場合、既存製品の市場を侵食することになろうと、ライバルに売上げを奪われるよりはましだろうか。

・ディーラー、流通業者、規制当局その他のステークホルダーとの関係を改善するものか、それとも悪化させるものか。

・プロジェクトは、それに続く新たな事業の可能性、またそれがなければありえない新しい市場を生み出すか。3Mのプライバシー・フィルターの発売決定を促したのは、まさしくそのようなチャンスである。この製品そのものの市場は大きくはなかったが、これを発売することによって反射防止フィルターというはるかに大きい市場を開くことができた。

これらの問いは、製品と戦略の相性を徹底的に評価するという、必須の作業の出発点になる。これらの問いの一つだけが望ましくない答えだったとしても、それだけでプロジェクトを無条件に中止すべきではないだろうが、答えが全体としてプロジェクトに戦略上の意味に乏しいことを示唆しているならば、その製品の発売はあまり賢明な判断とはいえないだろう。

●トップマネジメントは支持しているか

経営陣が第一段階でそのコンセプトの採用を約束すれば、間違いなく開発チームにとって励みになる。それにもまして、プロジェクト企画がRWWスクリーニングによる厳しい検証をクリアし、経営陣からゴーサインが出されれば、最終的な成功確率はさらに高まる。

スクリーニングチームの仕事

プロジェクトのスクリーニングについては、企業、事業計画の種類、開発段階によって担当すべきチームは異なる。RWWスクリーニングの全プロセスにわたり、担当チームには、R&D、マーケティング、製造といった部門のメンバーが参加するのが通常である。

また、RWWスクリーニングに詳しく、とりわけ開発中における意思決定の各段階において、冷静に正確な答えを導き出せる専門知識と感性を備えた複数のシニアマネジャーを巻き込むべきである。ただしこれらシニアマネジャーは、プロジェクトに賛同し、情報格差を埋める経営資源をチームに提供しなければならない。

RWWスクリーニングのプロセスを管理するうえで重要なのは、担当チームがこのスクリーニング作業を障害と見なすことのないようにすることだ。つまり、RWWスクリーニングを、経営陣から迫られた踏み絵、肝いりプロジェクトに伴う潜在的な脅威と考えないようにするためである。このような誤解を抱いていると、スクリーニングを正しく活用できない。つまり、問題と解決方法を識別するための学習ツールとして利用できないのだ。

チームメンバーは、評価者であると同時に旗振り役でもあるため、RWWスクリーニングは誤用されたり、ごまかしに使われやすい。なぜなら、チームメンバーの中に、疑問点を明らかにすることを含め、詳細な検証が実施されると、プロジェクトが中止されるかもしれないというおそれがある場合、プロジェクトの意義を信じているからこそ、通り一遍の検証で済ませたいという気持ちが頭をもたげてくるからだ。

この落とし穴を避ける方法の一つは、信頼できるファシリテーターの参加を仰ぐことである。その人物は、他部門で、新製品開発に何度も成功しており、プロジェクトの成否に無関係の人がよいだろう。ファシリテーターが担うべき役割は、忘れてはならない不確定要素、情報格差、見解の相違について残らず明るみに出し、これらの解決を支援することである。

【注】

（1）Robert G. Cooper, "Your NPD Portfolio May Be Harmful to Your Business Health," *PDMA Visions*, April 2005.

（2）W. Chan Kim and Renée Mauborgne, "Strategy, Value Innovation, and the Knowledge Economy," *Sloan Management Review*, Spring 1999.

第**4**章

製品開発をめぐる6つの誤解

ハーバード・ビジネス・スクール 教授
ステファン・トムク
ライナーセン・アンド・アソシエーツ 社長
ドナルド・ライナーセン

"Six Myths of Product Development"
Harvard Business Review, May 2012.
邦訳「製品開発をめぐる6つの誤解」
『DIAMONDハーバード・ビジネス・レビュー』2012年8月号

ステファン・トムク
(Stefan Thomke)
ハーバード・ビジネス・スクールのウィリアム・バークレー・ハーディング記念講座教授。経営管理学担当。

ドナルド・ライナーセン
(Donald Reinertsen)
カリフォルニア州レドンドビーチに本拠を置くコンサルティング会社ライナーセン・アンド・アソシエーツの社長。著書に *The Principles of Product Development Flow*, Celeritas Publishing, 2009.（未訳）がある。

製品開発と製造は根本から異なる

製品開発マネジャーの大半は、期限までに予算内でプロジェクトを遂行しようとして常に四苦八苦している。経営資源が十分ではないのに、スケジュールを守り、期待通りの製品にするよう、上司から求められるからだ。

製品マネジャーは、いっそうコストを切り詰め、綿密な計画書をつくり、スケジュールの変動と無駄を最小限に抑えるよう、部下たちを急き立てる。

しかしこのやり方は、成果のパッとしない工場のテコ入れにはなるかもしれないが、製品開発の分野では、逆効果になりかねない。

製品開発を製造と同じように扱う企業が多いが、両者は根本から異なる。モノの製造では繰り返し作業が多く、活動は適度に予測がつき、一つの仕掛品が同時にいくつもの場所に存在することはありえない。

これに対して製品開発では、独特の作業が多く、製品仕様は猫の目のように変わる。加えて、コンピュータを使った先進的な設計やシミュレーションが普及し、製品自体にソフトウェアを組み込む例が多いなどの事情により、成果物はモノではなく情報なので、同時に複数の場所に存在しうるのだ。

これらの根本的な違いを軽視したのが原因で、いくつもの誤解が生じ、製品開発プロジェクトのプランニング、遂行、評価に悪影響を及ぼしている。

我々二人は、合わせると五〇年以上、製品開発の研究と企業への助言に費やし、さまざまな誤解に遭遇してきた。半導体、自動車、家電製品、医療機器、ソフトウェア、金融など、幅広い業界に広がる。

本稿では、製品開発をめぐる誤解を掘り起こし、誤解から生まれる問題を克服する方法を紹介する。

［誤解］1 経営資源の稼働率を上げれば成果が上がる

我々が、研究とコンサルティングの両方を見てきたところ、大多数の企業は、製品開発の経営資源を少しも遊ばせまいと躍起になっていた。

筆者のドナルド・ライナーセンがカリフォルニア工科大学のエグゼクティブ向けコースで行った調査によると、製品開発マネジャーは一般に、経営資源の稼働率を九八％超に保っている。その陰には、「開発要員がフル稼働しなければプロジェクトが長引く」という、もっともらしい理屈がある。みんなが多忙にしていれば、人材の有効活用が不得手な組織よりもスピードと成果で勝るはずだ、というのだ。

しかし現実はこの理屈通りにはいかない。マネジャーの手腕がどれだけ高くても、製品開発要員を手いっぱいの状態にすると、開発のスピードと効率、成果物の品質はどうしても落ちてしまい、稼働率をぎりぎりまで高めると深刻な副作用が生まれる。しかしマネジャーはこれを軽視してしまう。

●製品開発に本来伴う非定型性を十分に考慮していない

製品開発には、プロジェクト案件がいつ持ち上がるか、どういった作業が必要になるか、未経験の人材がその作業をこなすのにどれだけ時間がかかるかなど、予測のつかないことが多い。

企業が慣れ親しんでいるのは、製造や取引処理のような、変化に乏しく突発的な出来事などが起きない、繰り返しの多い業務である。このような業務は、経営資源の稼働率が上がっても粛々と作業が進む。業務量が五％増えれば、完了までの所要時間も五％伸びる。

しかし、非定型の業務プロセスでは事情がまったく異なる。稼働率が向上するにつれて、所要時間が劇的に伸びてしまうのだ（**図表4-1**「稼働率を上げるとプロジェクトの遅延を招く」を参照）。業務量を五％上積みしただけで、所要時間は一〇〇％も伸びかねない。

ところが、この因果関係はほとんど理解されていない。

我々はこれまでに何百もの製品開発チームと接してきたが、ほとんどのチームは手に負えないほどの業務を抱えていた。一部の組織では、与えられた期限と予算の中ですべてのプロジェクトを完了するには、少なくとも五〇％は経営資源を増やす必要がありそうだった。

たしかに、規律が不十分なせいで業務にバラツキが生じる場合もあるし、製品開発の中にも、試作航空機の部品設計や医薬品の治験のように繰り返しの多い作業もある。とはいえ、予測可能性の高い作業でも、それが予測のつきにくい作業と組み合わさると、処理遅れが起きるだろう。

図表**4-1**｜**稼働率を上げるとプロジェクトの遅延を招く**

このカーブは待ち行列理論、つまり待ち行列の数学的な分析に沿った計算をもとに描いたものである。ここからわかるように、非定型のプロセスでは、経営資源の稼働率が上がるにつれて、処理待ちの時間が急激に増えていく。プロジェクトの中身によってカーブの形状は多少異なるが、稼働率が100％に迫ると必ず急勾配の右肩上がりを示す。

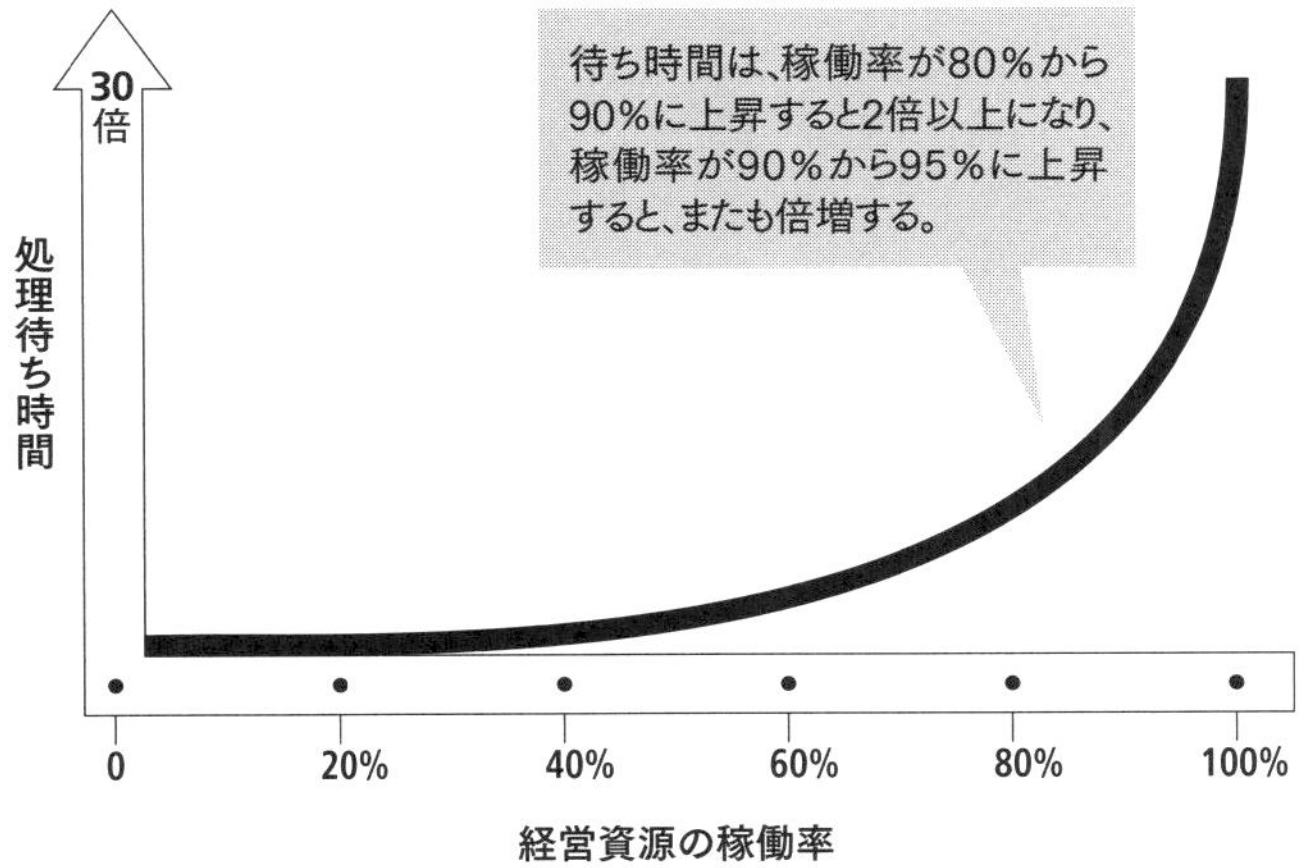

●処理待ち案件がどうコストに影響するかを理解していない

経営資源の稼働率を高めると、どうしても処理待ち案件が生まれる。経営資源が空くのを待つ間、作業が未完成のまま放置されると、プロジェクト全体が長引くのだ。

こうした処理待ち案件は、フィードバックの遅れにもつながり、非生産的な時間が増えていく。進化する市場ニーズに対応したり、製品の短所を手遅れになる前に見つけたりすることも難しくなる。これらは皮肉にも、マネジャーが「稼働率を上げれば防げるはずだ」と考える問題にほかならない。

処理待ちが生じていると知っていたとしても、たいていのマネジャーはコストへの影響にまでは気づかない。このコストは定量化できるにもかかわらず、大多数の企業は計算を怠っている。

処理待ちのコストと経営資源を待機させておくコストとを比べて、適正なバランスを探り出す必要がある。

●製品開発では仕掛品はまず目に見えない

製造プロセスでは処理待ちが増えると、工場に仕掛品在庫が倍増して目立ってしまう。一方、製品開発プロセスの「在庫」は主として、設計資料、試験の手順と結果、試作品づくりの指示内容といった情報である。

エンジニアリング工程での在庫は目に見えるわけではない。そのうえ、会計基準ではR&Dがらみの在庫はほとんどが評価額をゼロとするよう定められているため、財務諸表からそれを読み取ることはできない。

目視も測定もできない問題に対処するのは非常に難しい。ある大手の製薬会社の状況を考えよう。この会社では何年か前に、新任の創薬責任者がマネジメント上のジレンマに直面した。大規模なR&D組織を率いる上級幹部の例に漏れず、このマネジャーもまた、創薬に携わる専門家からより多くのイノベーションを引き出す方法を見つけようとしていた。

部下たちには、有望な新薬につながりそうな化学物質の実験を増やす一方、見込みの薄い案件はできるだけ早く中止するよう期待していた。ところが、生体を使った実験は動物試験部門というコストセンターが担当し、そこには自身の管轄は及ばなかった。

動物試験部門は試験用の経営資源の活用度をもとに業績を評価されていたから、当然ながら稼働率は高かった。このため創薬部門は、一週間ちょっとでできる試験の結果を三、四カ月も待たなくてはならなかった。「うまく管理された」はずの試験部門が、創薬の足を引っ張っていたのだ。

このような問題にはわかりやすい解決策がある。非定型な業務プロセスの稼働にゆとりを持たせるとよい。以前からこれを心得ていた企業もある。

3Mは何十年も前から、製品開発者の稼働率を八五%に抑えている。グーグルでは、技術者が週に一日は好きなことに業務時間を使ってもよいとする、有名な「二〇%ルール」を設けている。

裏を返せば、もしプロジェクトが予定より遅れた場合、応援に振り向けられるわけだ。

ただし我々の経験では、この種の解決策は運用へのハードルがとても高い。後述するように、「余力を残さずできる限り稼働率を高めよう」という思いを抑えられる組織は非常に少ない。マネジャーは不稼働時間があると見るや、すぐさま仕事を増やしてしまう。

ほかにも、以下のように現実的な解決策がある。

●業績評価の仕組みを改める

製薬会社なら、動物試験部門と創薬部門の目標を揃えるのも一案だろう。たとえば、動物試験部門の報奨を、経営資源の稼働率ではなく対応の迅速性（試験を依頼されてから完了するまでの時間）をもとに決めるのである。

●一部の経営資源を増強する

稼働率が七〇％を超えている場合、経営資源を増強すれば待ち時間を大幅に短縮できるだろう。くだんの製薬会社がこれを動物試験部門で行えば、新種の化学成分についての試験結果が格段に早く得られるはずである。

コンピュータを使ったモデリングやシミュレーションによって試験を実施するような例では、ハードウェアとソフトウェアライセンスを購入するだけで経営資源を増強できるから、たいていの場合コスト負担は大きくない。

●進行中のプロジェクト数を一定以下に抑える

仮に動物試験の経営資源を増やせないとしても、稼働率を下げることはできる。新種の化学成分について、同時並行させる試験数に上限を設ければよいのだ。製品開発の案件を厳選すると、焦点が絞られて優先順位がはっきりする場合が多い。

●仕掛品の存在を見えやすくする

一目でわかるような管理ボードを活用する方法がある。形態はさまざまだろうが、開発作業の現状を物理的に表す何か、たとえば付箋紙などを使うのがカギである（**図表4-2**「仕掛品管理ボードのひな型」を参照）。管理ボードには進行中の作業すべてを載せ、それぞれがどの段階にあるかがわかるようにするのが望ましい。

これをチームマネジメントの中心に据えるべきである。全体の足並みを揃え、作業が滞るのを防ぐために、毎日一五分間、管理ボードを囲むように立ったままのミーティングを行うとよい。

【誤解】2 バッチサイズを大きくすると費用対効果が向上する

バッチサイズも、製品開発プロセスで処理待ち案件が生まれる原因だ。

新製品が二〇〇種類の部品で構成されるとしよう。この場合、二〇〇種類をすべて設計・製造した後で試験に取りかかるやり方もある。

しかし、まずは二〇種類だけを用意して試験工程に入れば、バッチサイズを九〇％も抑えられるはずだ。平均の処理待ち件数はバッチサイズに比例するから、後者の方法を取ると試験の待ち時間を大幅に減らせる。

図表**4-2**｜**仕掛品管理ボードのひな型**

管理ボードは、各作業がどの段階にあるかを正確に示すことにより、目に見えない作業を可視化する。たいていのチームは遅延を防ぐために、各段階の作業数に上限を設けている。この簡単な管理ボードは、たとえば6～10人のソフトウェア開発チームの仕事の様子を表す。

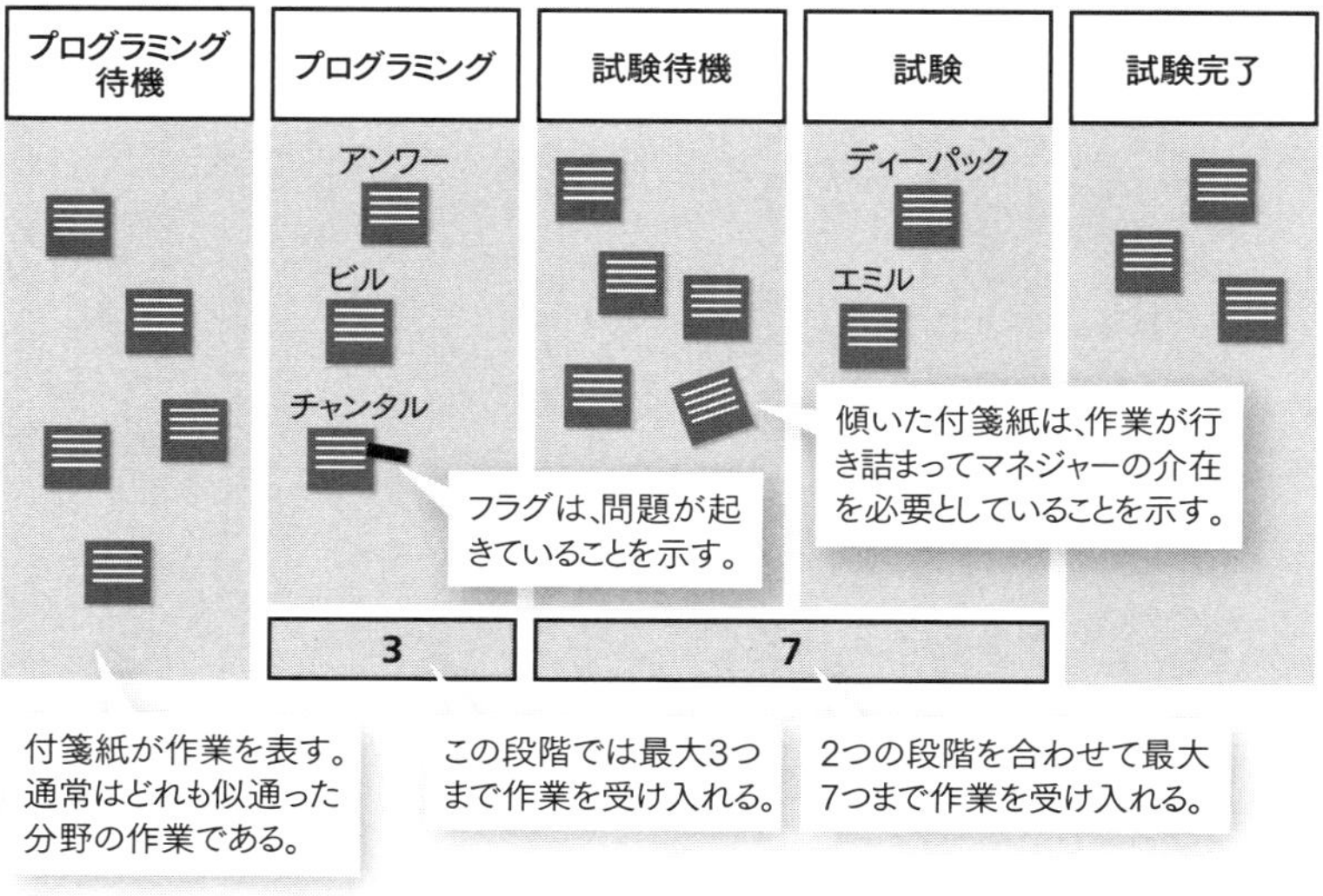

バッチサイズの縮小は、リーン生産の大原則である。バッチサイズが小さいと、仕掛品の数が減り、すぐにフィードバックが得られるため、サイクルタイムの短縮、品質と効率の向上につながる。製品開発においては、バッチサイズを抑える効用はいっそう大きいはずなのだが、この手法の威力はほとんど認識されていない。

原因の一つは、作業フローの性質にある。前述した通り、製品開発プロセスで生まれる情報はたいてい目に見えないが、それと同様にバッチサイズもまた見えないのである。

二つ目の原因として、製品開発者にはバッチサイズを大きくしようとする傾向があるようだ。おそらく、それによって規模の経済を活かせるはずだと勘違いしているのだろう。

望ましいのは、在庫コストと取引コストを同水準に保つことである（図表4-3「最適なバッチサイズの見極め方」を参照）。言うなら、小売店で卵を買うのに似ている。

一二カ月分の必要量をまとめ買いすると、取引コストは抑えられるが、せっかく買った卵の大多数は腐ってしまうので在庫コストは上昇する。当日使う分だけをそのつど買うようにすると、無駄は減るだろうが取引コストはかさむ。そこで直感的に、両方のコストが釣り合うような買い方をしようとする。

この関係を知る企業は、ITの進歩を活かしてバッチサイズを縮小し、時折驚くほどの成果を上げている。

一部のソフトウェア企業は、大量のプログラムコードを九〇日ごとにまとめて試験するやり方をやめて、はるかに小さいバッチサイズで日に何度も試験を行っている。あるコンピュータ周辺機器メーカーが、同じような手法を用いたところ、ソフトウェア試験のサイクルタイムが四八カ月から二・五カ月へ

図表4-3｜最適なバッチサイズの見極め方

バッチサイズを変更すると、取引コストと在庫コストという2つの主要コストに影響が及ぶ。バッチサイズが大きくなると、平均の在庫量が増えて在庫コストを押し上げる。その一方では、需要に応えるための取引回数が減るため、取引コストは低減する。

最適なバッチサイズの下では、在庫コストと取引コストの合計が最小になる。バッチサイズをこれに近い水準にしておけば、ちょっとした増減があっても大した影響は出ない。たとえば、バッチサイズが最適水準の上下20%以内に収まっていれば、合計コストの増加率は3%に満たない。このため、大まかにでも最適なバッチサイズを見積もっておくと、多大な経済的メリットが得られる。

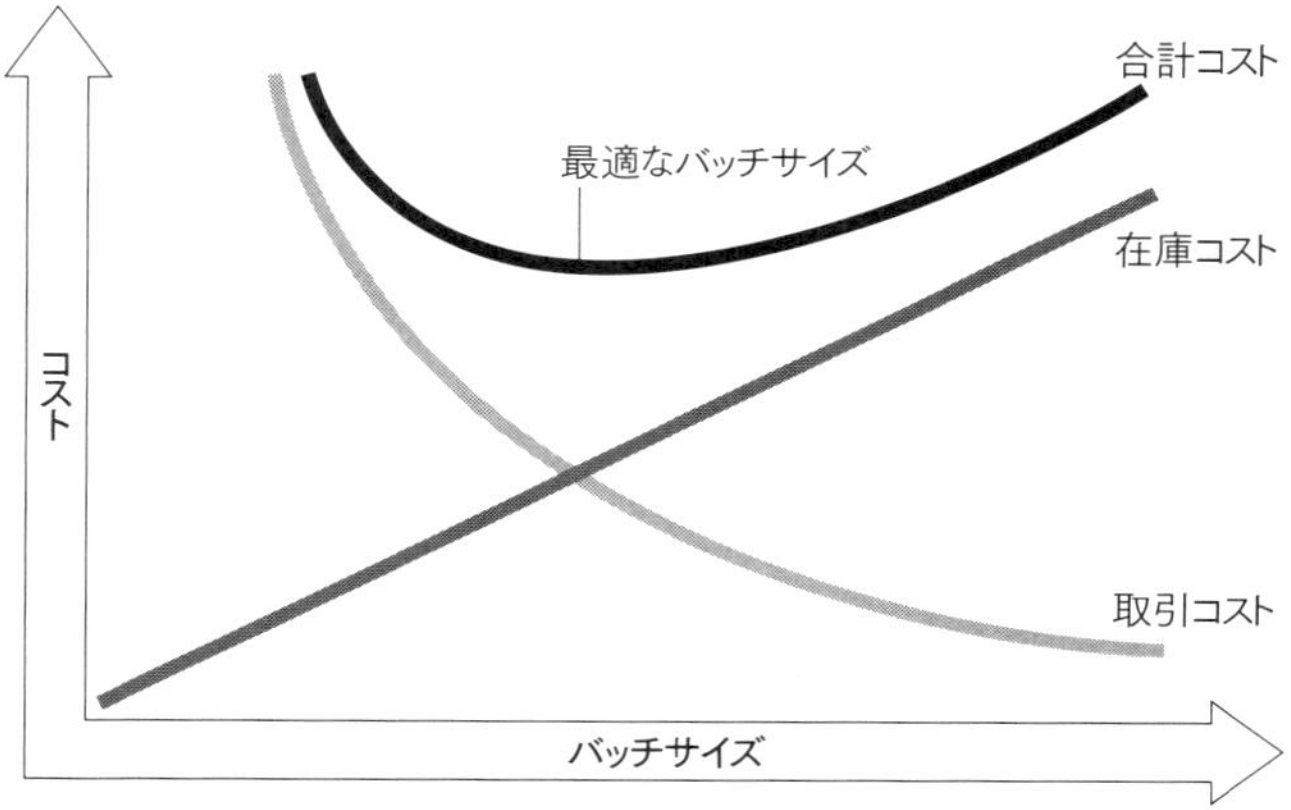

と九五％も短縮したほか、効率が二二〇％アップし、欠陥が三三％減少した。コスト削減効果は予想の二倍に達したという。

これほどの成果は異例だが、我々の見たところ、バッチサイズを小さくすると、たいていの製品開発プロジェクトで大きな恩恵が生まれている。同様に、モノを製造する企業がコンピュータによるモデリングとシミュレーションを導入した場合も、実験や検査の最適バッチサイズは縮小している。

［誤解］3 我々のプランには問題はない、このままやり通そう

我々のコンサルティングや研究活動において、製品設計の途中で仕様が変わらなかった例を一度も見たことがない。にもかかわらず、多くの組織は自分たちのプランを信頼し切っている。想定通りにいかないことがあると、すべてマネジメントや実行のせいにする。そして、プランとのずれを最小限に抑えるために、中間目標や進捗を守れているかどうかをステップごとに細かく把握しようとする。

製造プロセスが確立し、しかも繰り返し作業が多いのなら、この発想でうまくいくだろう。ただし、毎日のように新鮮なひらめきが生まれ、状況が休みなく変化する製品イノベーションの現場では、成果を損ないかねない。

技術上の問題解決をめぐる、マサチューセッツ工科大学名誉教授のトーマス・アレンによる古典的な研究がある。その研究では、製品開発の中身がいかに一定しないかが強調されている。たとえば、航空

宇宙業界でサブシステムの開発に取り組む技術者は、いくつもの設計案を考え品定めし、最もよさそうな案を採用しているのだ。

絞り込みの過程でそれぞれの候補を検証、改善する中では、判断が二転三転する。これはイノベーションプロジェクトの典型的な進め方だ。検証や実験を通してうまくいく点といかない点が見えてきて、コストと有用性をめぐる当初の前提は崩れるかもしれないのである。

さらに、製品開発プロジェクトでは、顧客ニーズもまた、早い段階では見極めにくいおそれがある。顧客にとって、提供されたことのないソリューションへのニーズを的確に言葉に表すのは容易ではない。従来製品の特徴に慣れ親しんでいるために、斬新な製品へのニーズをうまく説明できない可能性もある。そのうえ、製品開発の途中で競合他社による新製品がお目見えしたり、新しいトレンドが生まれたりすると、顧客の嗜好が急に変わらないとも限らない。

以上のようなもろもろの理由から、当初プランの着想と実行がどれだけ優れていたとしても、それに執着したのでは悲惨な結果になりかねない。

もちろん、プランニングを無意味だとは考えていない。製品開発は複雑な取り組みの積み重ねになるから、細心の調整や些細な点への留意が求められるのだ。

プランはあくまでも仮定に基づく叩き台と位置付け、検証結果が生まれるたび、経済面の前提が変わるたび、事業機会の評価が改まるたびに、たえず手直ししていくべきである。[注1]

繰り返しになるが、マネジャーは遊休時間を忌み嫌う。少しの時間も無駄にするまいとして新しいプロジェクトを立ち上げる風潮がある。

たとえば、他のプロジェクトに戻ることになり、新規プロジェクトを途中で切り上げた人材がいたとしても、そこでの成果はすべて後で活かせるはずだ、と理屈を立てる。このような発想の下、プロジェクトの数が多すぎて精力的に推進するのが無理な状態を生んでしまうと、経営資源の効果を弱めることになる。

［誤解］4 プロジェクトは早く始めれば完了も早い

これは危険な状態である。経営資源が万全でないまま、とりあえずプロジェクトを始動させると、製品開発を進める中で徐々に行き詰まりが生じるだろう。これは困りものである。

製品開発においては、テクノロジーや市場に対しての前提がみるみる時代遅れになる可能性があり、旬も短いのだ。プロジェクトの進行がゆっくりであればあるほど、軌道修正が必要になる可能性は高い。

実際、軍隊のある部門では、プロジェクトの所要期間の四乗に比例して、コストとスケジュールの超過が拡大していくことに気づいたという。言い換えると、完了までの期間が当初予定の二倍になると、コストとスケジュールの超過は一六倍にも達するわけだ。

仕掛品を減らす重要性は、「リトルの法則」という、待ち行列理論の有名な法則を見れば明らかだろう。「サイクルタイムは平均すると、行列の長さを処理速度で割ったものに等しい」という簡潔な法則である。

つまり、スターバックスであなたの前に二〇人が並んでいて、バリスタが一分間に五人分の注文をさばくとすると、あなたの順番が回ってくるのは四分後である。処理速度を上げるか、受け入れ数を減らせば、サイクルタイムを短縮できるが、たいていの場合、実行に移せるのは後者だけだろう。

このような問題の解決策として、一部の製品開発者は、作業に取りかかる間隔を必死にコントロールしてきた。

まず一つの作業が終わると、すぐに次の作業に取りかかるようにし、進行中のプロジェクトの数を慎重に管理する。いったんプロジェクトを開始したら、完了まで適正な人材配置を保ち、新しいプロジェクトのために、既存プロジェクトの経営資源を保とうとするのだ。

［誤解］5　製品の機能を増やしたほうが顧客は喜ぶ

製品開発チームは、「機能を増やすと顧客価値が高まり、減らすと顧客価値を台無しにする」と信じ込んでいるようである。そのせいで複雑極まりない製品ができてしまう。

とうてい使いこなせそうもないリモコン装置。セットアップに何時間もかかるコンピュータ。スイッチやつまみだらけで飛行機のコックピットかと思うような自動車。ちょっとしたトースターでさえも、最近では取扱説明書と液晶ディスプレーがついてくる。

「機能は多いほうがよい」という考え方を覆そうとする企業は、シンプルで洗練された製品を創造する。オーディオ機器、テレビ、電話機などを製造・販売するデンマークのバング・アンド・オルフセンは、

「顧客は音楽鑑賞に最適な条件を整えるために、自分でイコライザー、バランスなどの調節つまみを動かしたいなどとは思っていない」と心得ている。同社の高価格帯スピーカーは、楽曲をできる限り忠実に再生するのに必要な調節を自動的に行う。使用者は音量だけを調節すればよい。

この「機能は少ないほうがよい」という原則は、受け入れて実地に活かしてもらうのは容易ではない。なぜなら、製品開発の二つの分野で特別な努力を要するからである。

●問題点を明らかにする

製品開発に当たって解決すべき問題を明確にすることは、イノベーションプロセスで最も軽視されている。

ほとんどの企業では、あまりに少ない時間しか費やさない。しかし、これは重要なフェーズである。このフェーズを通して開発チームは自分たちの目標をはっきり理解するのだ。そして、仮定を設けてそれを検証、改善するために実験を行う。問題をどれだけ特定できるかが、本当に意味ある少数の機能に重点を絞れるかどうかを大きく左右する。

ウォルト・ディズニーが、ディズニーランドの構想を練る時、ほかのアミューズメントパークとは一線を画した。「乗り物やスナックの種類、駐車場の数をとにかく増やそう」という発想を退け、「来訪者に魔法にかかったような体験をしてもらうにはどうすればよいか」という壮大な問いと向き合ったのだ。

当然、答えは一朝一夕には引き出せなかった。綿密な調査、たゆみない試行錯誤、ディズニーと顧客にとって「魔法にかかったような」が何を意味するかを深く理解するなど、多くのことが求められた。

IDEOなど複数の企業は、構想段階の製品やサービスにおいて、利用者の立場になり切って発想することを目的とした開発フェーズを設けている。

開発担当者は市場の面白そうな資料を片っ端から読みあさり、潜在利用者の観察やインタビューを行い、競合しそうな製品やサービスについて調べ、そこから引き出した知見すべてを、絵、模型、図表にまとめる。

こうして得られた顧客についての深い洞察は、やり直しを重ねながら製品・サービスを練り上げていく間、検証、改善、取捨選択される。

●見えなくしたり、省いたりすべきものを見極める

開発チームはともすると、鮮やかな技術ソリューションを生み出して同業他社、同僚、経営陣を驚かせ、注目を集めたいという誘惑にかられる。

ところが顧客は、簡単に操作できる製品のほうを好む。ごくシンプルなやり方で悩みを解決してくれて、開発者の誇る開発成果が表に出ていなければ、それが顧客にとって最高のソリューションなのである。

これを心得た企業といえばアップルがある。アップルは革新的な製品、スタイリッシュなデザイン、巧みなマーケティングなど、多くの美点で知られるが、最大の強みはおそらく、問題の核心をとらえる力だろう。(注2)

スティーブ・ジョブズはこんな言葉を遺している。

「ある問題に着目した時に、『シンプル極まりない』と思ったとしよう。この場合、問題の複雑さを本当に理解しているとはいえない。単純すぎる解決策しか生まれないだろう。問題に深く関わってみると、実はとても入り組んでいたのだと気づく。それから、手の込んだ解決策のあれこれを考え出すのだ。……たいていはここで終わってしまうのだが」

しかしアップルは違う。たゆみない努力をするのである。

「真に偉大な人物は、前進を続けるだろう。そして問題の根底にある本質を掘り起こし、美しくエレガントで、しかも効果的な解決策を考え出す」

どの機能を省くべきかを判断するのは、どの機能を盛り込むかを決めるのと同じくらい重要である。いや、もしかするとこちらのほうがいっそう重要かもしれない。

だが残念ながら、多くの企業は革新性を発揮しようとするあまり、顧客にとっての価値や使いやすさといった大切な点を十分に検討しないまま、余計な機能を可能な限り設けてしまう。

このような企業が、機能の一部を省く時にはたいてい、コスト削減を迫られたか、スケジュール遅れや何らかの失敗が起きたのが理由である。

マネジャーが注意を払うべきはむしろ、候補に挙がった機能のうちどれを省けば製品、そして顧客経験全体を本当の意味で向上させる取り組みに開発チームを注力させられるか、見極めることだろう。そのためには、提案のあった仕様一つひとつを検証すべき対象として扱い、見込み顧客を対象に短期間の小規模な試行をするとよい。

製品開発チームはともすれば、これ以上の機能を増やしようがなくなった時点で、製品は完成だと考えがちだ。

しかし、むしろ発想を逆転させ、これ以上は機能を削りようがなくなったら、完成の域に近づいたと考えるべきだろう。レオナルド・ダ・ビンチも、「シンプルさこそ、究極の洗練である」と述べている。

［誤解］6 初回でうまくいけばより成果が上がる

製品開発プロジェクトの多くは、予算、スケジュール、技術パフォーマンスなどの目標を達成しない。稚拙なプランニング、融通の利かない開発プロセス、リーダーシップの不足がこのような事態につながっている。

見落とされがちだが、「最初からうまくいくように」というマネジャーの要求も原因となる。開発チームは一度の失敗も許されない状況で、顧客から見て既存製品と比べて大した付加価値がなかったとしても、最もリスクの小さいソリューションを選びがちだ。

さらに悪いことに、「顧客の悩みに革新的なソリューションで応えよう」というインセンティブはほとんど生まれず、開発チームは失敗を避けようとして、仕様策定、設計、組み立て、試験、量産、市場投入のプロセスをひたすら前に進める。

各段階の〝関門〟ともいえる審査《レビュー》では、丹念な監視にさらされる。各関門を突破しない限り、次の段階に取りかかるわけにはいかない。段階を追うにつれて、多大な労力や献身が費やされ、新たなひらめきに対応するためのコストは桁違いに大きくなっていく。

開発も後半段階に入ると、試験がうまくいけば歓喜が広がるが、予想外の結果が出ると、どれだけ貴重な結果だったとしても、落ち度と見なされる。

困ったことに、一直線に成功を目指すプロセスフローの下では、試験の結果がなかなか出ないため、好ましくないアイデアにしがみつき、結局、解決コストが大きくなってから、問題点を掘り起こすことになる。プロジェクトの予定期間を超過しかねない。

試行と改善を矢継ぎ早にこなして失敗からすぐに学べる限りは、「最初は失敗してもかまわない」と考えるほうが、望ましい戦略かもしれない。シミュレーションや迅速な試作品づくり《ラピッド・プロトタイピング》の技術の進歩によって、このような開発手法は格段に実践しやすくなり、コストも著しく低減している。

我々が、特注ＩＣの設計に携わった三九一チームを対象に調査したところ、以下のようなことがわかった。

反復型の開発手法を用いて早い段階から頻繁に試験を行ったチームは、それ以外のチームよりも試験のエラー数が多かった。しかし、低コストのプロトタイピング技術を用いていたから、時間や労力の所要量は、一度で試験を通過するような設計を目指したチームよりも少なくて済んだ。

結局、プロトタイピングのコストがかさんだチームのほうが、仕様策定、設計・組み立て、検証に費やした労力が大きかった。こちらのチームは、後工程に入って初めて反復型の試験を行い、実施回数も少なかったため、重大な問題点の洗い出しが遅れた。

多様なアイデアをいくつも試すことは、イノベーションプロジェクトの生命線である。次から次へと試行を重ねると、当然ながら斬新なアイデアの多くがふるい落とされていく。だが、このように早い段階でダメ出しがなされるのは望ましい。無用な選択肢を手早く除外して、有望な選択肢に集中できるからだ。

●早いうちに失敗する

衝突実験によって自動車の安全性に問題ありと判明すること。新薬候補の有害性があぶり出されること。ソフトウェアのユーザーインターフェースが利用者の混乱を招くとわかること。以上は皆、大量の経営資源が投入されておらず、設計の融通性があり、他の選択肢を試すことが可能な、早い段階の開発プロセスで明らかになる。

「早いうちに頻繁に失敗しよう」という手法の優位性を物語る典型的な事例がある。一九九五年の国際ヨットレース、アメリカズ・カップでの、ニュージーランド・チームの意表を衝いた優勝である。

このチームは竜骨の設計改善案を試すために、ほぼ同じヨットを二艇用いた。片方には途中で改良を重ね、「仮想レース相手」であるもう一方にはそれをしなかった。日々、ローカルのグラフィックワークステーションを使って有望そうな改善を片方のヨットに施し、仮想レース相手との比較を通して結果を分析した。

他方、競争相手のデニス・コナー・チームは、性能で勝るコンピュータ（ボーイングの持つスーパーコンピュータ）を使って数週間置きに大きなバッチサイズでシミュレーションを行い、一艇のヨットで改善案を試した。

数多くの学習サイクルを積み重ねたニュージーランド・チームは、役に立たなそうなアイデアを早めに捨て、本番ではデニス・コナー・チームのヤング・アメリカ号を打ち破った。

ここまでの内容からおそらく明確だと思うが、実験や試行によって思わしくない結果が出るのは、必ずしも失敗ではない。そこからは、予見できずにいた新しい情報がもたらされる。試行サイクルが短いほど、多くのフィードバックが集まり、リスクを伴うかもしれない斬新なアイデアを次回の試行で検証できる。

このような環境で、担当者たちはつらい時期に耐えて難易度の高い仕事にも熱心に取り組む。そして、リスクを避けようとするチームよりも大きな成果を上げる傾向が強い。

ただし、この種の環境を設けるのは容易ではない。(注3) 失敗は当惑を生んだり、知識不足を露わにしたりしかねず、そうなれば担当者個人の自尊心や組織内での立場が傷つくおそれもある。

また、不都合を早期に洗い出してプロジェクト中止を指導し、貴重な経営資源を早めに再配置することで会社に貢献できたとしても、マネジャーが昇進したり、チームがほうびにあずかる例はほとんどないだろう。「失敗は許されない」「エラーなし」(シックス・シグマ) を掲げる組織では、これは特に強く当てはまる。

トーマス・アルバ・エジソンはこれらすべてを知っていた。

「速やかに実験を行う」という考えを柱にして有名な実験室を設けた。そのそばには、製作者が研究者と密に協力し合えるように、模型をつくるための作業場を配置した。情報をすぐに探し出せるように、膨大な資料のある図書コーナーを付設していた。近くの倉庫にはたくさんの資材があった。

しかも、職人、研究者、技術者など幅広い人材が揃っていた。エジソンは、自分や部下の誰かがアイデアをひらめいたら、すぐに実用模型や試作品をつくれるように、十分な備えをしておきたいと考えた。「成功とは本当のところ、実験をどれだけ重ねたかで決まるのだし、実験は四六時中行うこともできる」

＊　＊　＊

ＩＴの進歩、具体的にはコンピュータによる設計、モデリング、シミュレーションなどを受けて、企業はすでに、より短時間、低コストでよりよい製品を開発できる状況になりつつある。にもかかわらず多くの企業は、これらのツールを十分に活かしていない。マネジメントの発想がテクノロジーの進化に追い付いていないからである。

製品開発は、情報を生み出す非定型の業務であるのに、それを製造と同じように扱っているのだ。ＩＴが進歩を続けるにつれて、製品開発プロセスの改善機会はいっそう大きくなるだろう。ただし、製品開発は製造と根本的に違うと認識しない企業にとってはリスクも、やはり大きくなっていく。

【注】

（1）Rita Gunther McGrath and Thomas Keil, "The Value Captor's Process," HBR, May 2007.（邦訳「バリュー・キャプターの戦略」DHBR二〇〇七年一二月号）を参照。

（2）Walter Isaacson, "The Real Leadership Lesson of Steve Jobs," HBR, April 2012.（邦訳「スティーブ・ジョブズ流リーダーシップの真髄」DHBR二〇一二年一一月号）を参照。

（3）これはハーバード・ビジネス・スクールのエイミー・C・エドモンドソン教授が"Strategies for Learning from Failure," HBR, April 2011.（邦訳「失敗に学ぶ経営」DHBR二〇一一年七月号）で探究したテーマである。

第5章

財務分析がイノベーションを殺す

ハーバード・ビジネス・スクール 教授
クレイトン M. クリステンセン
ハーバード・ビジネス・スクール 上級講師
スティーブン P. カウフマン
ハーバード・ビジネス・スクール 上級講師
ウィリー C. シー

"Innovation Killers: How Financial Tools Destroy Your Capacity to Do New Things"
Harvard Business Review, January 2008.
邦訳「財務分析がイノベーションを殺す」
『DIAMONDハーバード・ビジネス・レビュー』2008年9月号

クレイトン M. クリステンセン
(Clayton M. Christensen)
ハーバード・ビジネス・スクール、ロバート・アンド・ジェーン・キーズィック記念講座教授。経営論を担当。

スティーブン P. カウフマン
(Stephen P. Kaufman)
ハーバード・ビジネス・スクール上級講師。アロー・エレクトロニクスの会長兼CEOを2002年に退き、現在名誉会長。

ウィリー C. シー
(Willy C. Shih)
ハーバード・ビジネス・スクール上級講師。IBM、ディジタル・イクイップメント、シリコングラフィックス、およびイーストマン・コダックなどで幹部職を歴任。

投資評価手法がイノベーションを阻害

優良企業で熱心に働く敏腕マネジャーたちの多くが、なぜこれほどまでにイノベーションに手こずるのだろうか。何年も前から、我々は首を傾げてきた。さまざまな調査がいくつかの原因を指摘し、また書籍や雑誌でも論じられてきた。

たとえば、企業が収益性の高い顧客ばかりに注意を向け、要求の少ない顧客はリスクを承知で放ったらかしだったり、新製品を開発してもその実、顧客が望んでいるようなものではなかったりといったことだ。

イノベーションの頓挫には、財務分析の誤用――それは三種類ある――が明らかに加担している。その結果、以下のような問題が間違いなく起こっている。

- 投資機会を評価するに当たり、DCF（割引キャッシュフロー）とNPV（正味現在価値）を用いると、イノベーションへの投資を続けることで得られる実質利回りと実益を軽視する。
- 将来投資を評価する際、固定費と埋没費用を考慮する。しかし、その方法はチャレンジャー企業には不利に働き、またその攻撃に応戦する既存企業には足かせとなっている。
- 株価の上昇、ひいては株主価値の創造の主たる要因の一つ、EPS（一株当たり利益）を重視するあまり、他の要因をなおざりにすると、すぐには成果が期待できない投資から経営資源を遠ざけてしまう。

補足すると、これらの手法やコンセプトそのものはけっして悪ではない。とはいえ、これら一般化している投資評価手法は体系化されているがゆえに、イノベーションを阻むバイアスを生み出す。我々はこれまでの経験から、別の方法を推奨したい。これならば、その将来価値に目を配りながら、イノベーションに取り組めるようになるだろう。ただしその目的は、あくまでこれらの問題に光を当てることであり、専門知識に詳しい人たちの奮起を促し、問題の調査と解決につながることを期待している。

DCF法の誤用

誤解と誤用が生じている財務分析手法の一番手は、事業計画のNPVを算定するDCF法である。将来のキャッシュフロー流列（複数期間にわたるキャッシュフロー）を現在価値に割り引くことは、言い換えれば、分別ある投資家であれば、今日一ドルを手にすることが、その一ドルからの利子をいまから数年間得ること、あるいはその一ドルを投資して数年間リターンを得ることと同じであることを想定している。

これを原則とすれば、将来n年間にわたって受け取る金額を$(1+r)^n$で割り、投資価値を評価するのはまさしく理にかなっている。rは割引率（その投資から得られる年利回り）で、nはその投資がその利回りを生み出せる年数を指す。

現在価値に割り引くための計算は論理的には完璧だが、アナリストたちが共通して犯す二つの間違いがあり、それがイノベーションを阻害するバイアスのもとになる。

第一の間違いは、イノベーションに投資しない、すなわち「ドゥ・ナッシング（何もしない）・シナリオ」でのキャッシュフローを、イノベーションが生み出すキャッシュフローと比較するが、このシナリオは、イノベーションに投資しなくとも現在の健全な状態が永遠に続くことを前提としている点である。

図表5「DCFの罠」で示したように、この計算はイノベーション投資を別物と考える。そして、イノベーション投資が生み出すキャッシュフロー流列からプロジェクト費用を差し引いた現在価値を、投資しない時のキャッシュフロー流列（不変と想定される）と比較する。

ところが、たいていの場合、年月を経るうちに、競合他社の持続的かつ破壊的な投資のせいで価格とマージン（利益率）を引き下げる圧力が生じ、技術は変化し、市場シェアは縮小し、販売量も減少し、株価も下がる。

元ボストンコンサルティンググループのアイリーン・M・ラドゥンが指摘したように、ドゥ・ナッシング・シナリオにおいて起こりうるキャッシュフロー流列は、現状の持続ではない。業績の低下であり、それは非線形である。

図表**5**｜**DCFの罠**

投資せずとも、現在の健全な状態がいつまでも続くという誤った考えの下、イノベーションが生み出すキャッシュフローと、何もしない場合のシナリオを比較しがちである。

しかし、イノベーションの価値を評価する場合、イノベーションが生み出すであろうＤＣＦと、イノベーションに投資しないことによって起こりうる業績の低下というシナリオを比べるほうが適している。

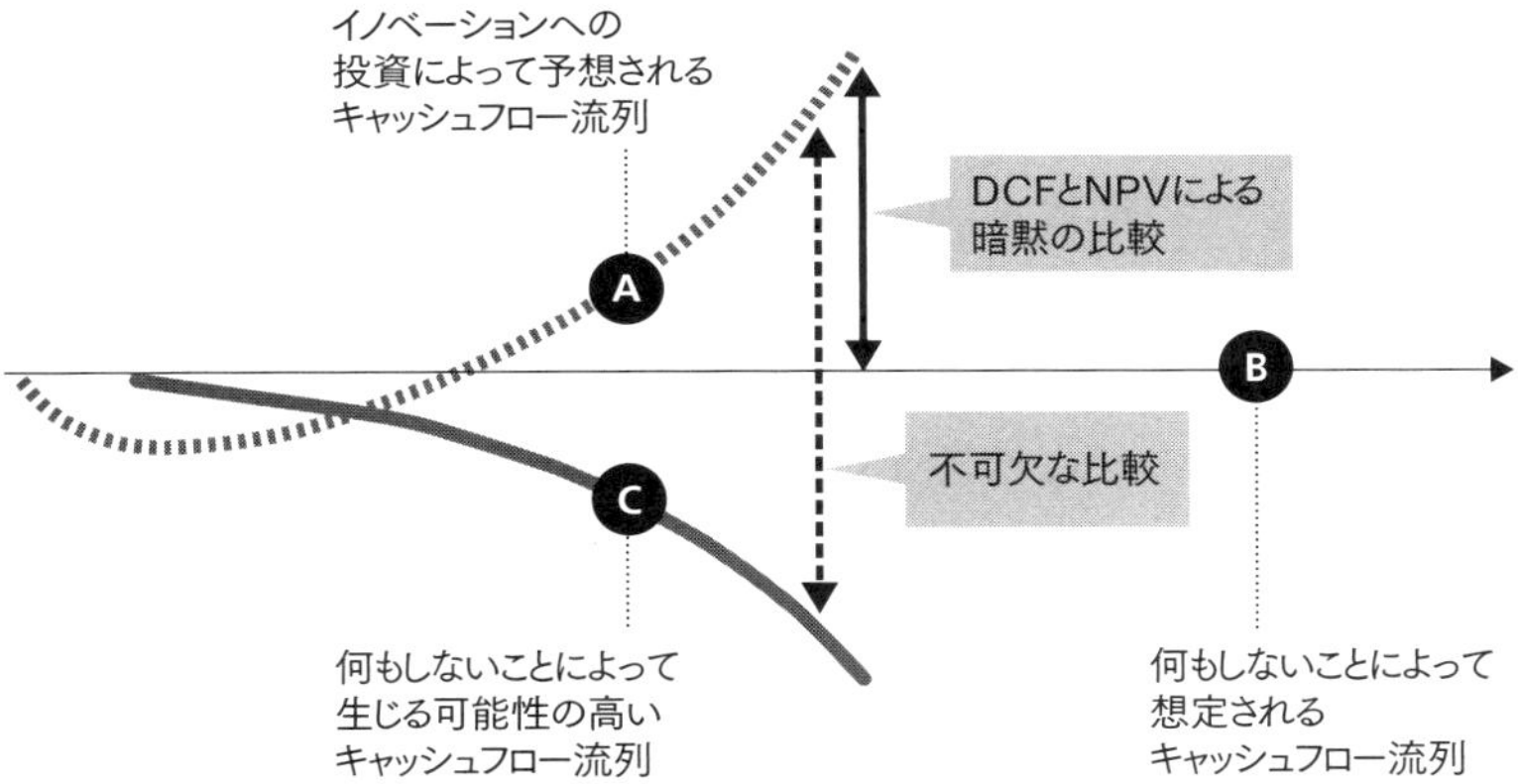

提案された投資の価値を評価するのに、いま以上にキャッシュフローが潤沢になるかどうかで判断するのは、つい心を動かされるとはいえ、間違いである。なぜなら、状況そのものが悪化していた場合、その投資によって逆に困窮するおそれもあるが、それでも投資しなかった場合よりもましだからである。米国の有名な憲法学者フィリップ・C・ボビットは、「状況は普遍である」とする論理を、古代ギリシャの哲学者パルメニデスにちなんで、「パルメニデスの誤謬」（合理主義者の誤謬）と呼んだ。イノベーションの価値を単純な数字に置き換えて、ほかの単純な数字と比較するアナリストたちは概して、パルメニデスの誤謬という罠にはまっている。

イノベーション投資が生み出すキャッシュフロー流列を正確に予測するのは難しい。ましてや投資されない場合でも、会社の財務業績がどこまで悪くなるのかを予測するのは至難の業である。しかし、この分析は必須である。

優れた経済学者は「元気かい」と聞かれたなら、こう答えるべきだという、例の答えを思い出してほしい。そう、「何と比較してですか」という返答である。これは重要な問いかけである。

この問いに答えるには、イノベーション投資の価値を一定の範囲内のシナリオに照らして予測することが欠かせない。その際、最も現実的なシナリオが、競争面から見ても財務面から見ても悪化の一途をたどるという場合が少なくない。

DCF法の第二の問題点は、試算間違いに関連している。将来キャッシュフロー、とりわけ破壊的な投資から生まれるキャッシュフローの予想は難しい。最終年度の数字などは、まったくの当て推量となりうる。

知りようのないことに対処する際、アナリストたちは、まず三〜五年間における各年の数字を推計し、それ以降の期間についてはターミナル・バリュー（継続価値）[注1]を算定して、その値を利用するという手をよく使う。むろんこの方法は、遠い先のある年度におけるキャッシュフローの推定値はターミナル・バリューと同じく、大ざっぱなものでしかないという論理の上に成り立っている。

アナリストは、ターミナル・バリューを計算するに当たって、まず具体的な推計から算出した最終年度のキャッシュフローを、$(r-g)$、つまり割引率から「最終年度以降に予測されるキャッシュフロー成長率」を引いた値で割る。そのうえで、その単一な数値を現在価値に割り引く。我々の経験では、想定されたターミナル・バリューがしばしば投資プロジェクトのＮＰＶ合計の半分以上を占めていた。

予測期間を見積もったうえで算出されるターミナル・バリューには、それより前の年度の予測に織り込まれてしまった間違いをより増幅させる傾向が見られる。よりやっかいなことは、ターミナル・バリューの計算では、我々が先に指摘したドゥ・ナッシング・シナリオに関する検証、つまり、イノベーション投資の結果と、何もしない場合に一番起こりうる結果、すなわち業績悪化を対比させることは考慮されない点である。

ところが実際には、市場の成熟化、ライバルの製品開発サイクル、既存製品に忍び寄る破壊的イノベーションによって、ドゥ・ナッシング・シナリオにおける衰退に拍車がかかり始めるのは、五年目以降、すなわちターミナル・バリューを計算に織り込む時期であることが多い。

長期的かつ持続的な成功には、イノベーションが不可欠でありながら、ここに十分投資しない。その原因は、ＮＰＶという分析手法を、無差別かつ簡略化して用いていることにある。

とはいえ、定量化できないキャッシュフロー流列を定量化し、これを一つの数値に落とし込み、他の数値と比較したいというニーズは理解できる。これは、将来を表す、聞き取りがたい不協和音を、誰もが読み、比較できる言語（数値）に翻訳する試みといえる。

我々は、イノベーション投資の将来価値を翻訳する言語が必ずしもこの数値である必要はないこと、つまり、ほかにもっと適切な言語、経営陣の全員が理解できる言語が存在することを提示していきたい。

固定費と埋没費用の誤用

広く誤用されている財務的な意思決定パラダイムの第二は、固定費と埋没費用に関連するものだ。将来の行動計画を評価する際、一般に不可欠とされる行動は、次のようなものだとされる。

イノベーション投資に将来必要とされる現金支出、あるいは最低限の現金支出（資本またはコスト）についてだけ考え、この現金支出を、最低限得られるであろうキャッシュフローから差し引き、こうして得られた正味キャッシュフローを現在価値に割り引く。

DCFとNPVのパラダイム同様、この原理の数学的側面に何も間違いはない。ただし、過去の成功に必要だったケイパビリティ（組織能力）だけで将来の成功が十分保証されるならばの話だが——。

一方、将来の成功には新たなケイパビリティが必要とされる場合、固定費と埋没費用を最小化しようとすると、意思決定にバイアスがかかり、やがて価値が目減りしていく資産やケイパビリティをもっと活用することに向かわせる。

ここでは、解説の便宜上、生産活動に関する固定費については考慮しないものとする。典型的な固定費として、販売費および一般管理費（販管費）があり、これは給与と諸手当、保険、税金などである。なお変動費には、原材料、手数料、非正規雇用労働者への支払いなどがある。埋没費用は、固定費の中で、すでに支出が確定し、もはや回収できないもので、典型的なものとして、建造物への投資、設備投資、R&D費などがある。

鉄鋼産業の例を見れば、新しいケイパビリティに投資する余力があり、またそうすべきである企業が固定費と埋没費用のせいで、なかなか実行に踏み切れないという状況がよくわかる。

一九六〇年代後半、ニューコア（当時はニュークリア。一九七二年に現在の社名に変更）や、チャパラル・スティールなどのミニミル（電炉メーカー）が、USスチール（USX）のような総合鉄鋼メーカーを混乱に陥れ始めた。

これらミニミルは、まず市場で最も難度の低い製品群で顧客を獲得すると、手を休めることなく徐々にハイエンド市場へと進撃し、二〇％のコスト優位を武器に、まず鉄筋市場を攻略した。それから棒鋼、線材、山形鋼鉄、構造ビーム市場を制圧した。

一九八八年には、これらミニミルによって、高コストの総合鉄鋼メーカーはローエンド製品市場から追い出された。そしてニューコアは、インディアナ州クローフォーズビルに、鋼板生産の製鉄所を建設し始めた。ニューコアの概算では、二億六〇〇〇万ドルの投資によって、年間八〇万トンの鋼板をトン当たり三五〇ドルで販売することができた。

クローフォーズビル製鉄所で、一トンの鋼板を生産するのにかかるコストは二七〇ドルだった。キャッシュフローのタイミングを考慮すると、この投資におけるニューコアのIRR（内部収益率）は二〇％を超えた。これは、ニューコアのWACC（加重平均資本コスト）よりかなり高い数字である。

業界大手のUSXは、これらミニミルが大いなる脅威であることに気づいた。ニューコアは連続鋳造生産（溶鋼から一定の形の半製品をつくること。通称「連鋳《れんちゅう》」）という新技術を用いて、品質は低くともトン当たりコストが著しく低い製品を引っ提げ、鋼板市場に参入した。

これまで地道な品質改善に努めてきたニューコアの実績を考えれば、経験を重ねるにつれて、鋼板の品質が改良されることは明らかだった。それを承知していながら、USXのエンジニアたちは、ニューコアが建てたような革新的なミニミルの建設を検討すらしなかった。なぜだろう。旧技術を活用したほうが新技術を導入するよりも収益性が高く見えたからである。

既存技術を用いるUSXの製鉄所には三〇％の余剰能力があり、それを活用すれば、鉄鋼の限界費用はトン当たり五〇ドル足らずであった。

三〇〇ドルの限界キャッシュフロー（三五〇ドルのトン当たり売上げから五〇ドルの限界費用を引いたもの）と、革新的なミニミルから生み出されるトン当たり八〇ドルの平均キャッシュフローを対比した時、USXの財務アナリストには、新たに低コストのミニミルを建設することがばかばかしく思えた。さらには、USXの工場はすでに減価償却されており、この資産価値の低い設備で三〇〇ドルの限界キャッシュフローはとても魅力的に映った。すなわち、ここに難しさがあった。

アタッカーであるニューコアには、そもそも固定費や埋没費用――限界費用を計算するうえで必要である――となる投資がない。同社にすれば、全部原価（変動費と固定費の区別なく、かかるコストすべて）イコール限界費用であった。

ニューコアのメニューには、クローフォーズビル工場しかなく、おまけにそのIRRは魅力的であり、意思決定は単純明快だった。それに引き換えUSXのメニューには、二つの選択肢があった。すなわち、ニューコアのようにトン当たり平均コストが低い革新的なミニミルを建てるか、あるいは既存施設をより有効活用するかである。

結局、どうなったのか。ニューコアはプロセスを改良し続け、ハイエンド市場へと進出し、さらに効率化した連続鋳造設備によって市場シェアを拡大させた。一方のUSXは、過去の成功に貢献した施設のケイパビリティに頼った。言い換えれば、限界利益の最大化を目指すというUSXの戦略は、長期的に見て平均コストを最小化することを放棄するものだった。USXはその結果、成功への道筋の見えない戦略へと向かい、ついにはそこから抜け出せなくなった。

どのような投資であろうと、数ある選択肢の中の妥当な代替案と比べてこそ、その魅力を余すことなく評価できる。

既存能力とほとんど同じ能力を増強させることを検討する場合、旧施設の活用による限界費用と、新施設建設の総コストを比較することは理にかなっている。ただし、将来の競争のために新しい技術やケイパビリティが求められる場合、固定費と埋没費用の最小化を考えてしまっては、進むべき道を見誤ってしまうだろう。

投資の意思決定は限界費用に基づいて下すべきであるという主張は、たいていの場合、正しい。ただし、新しいケイパビリティの育成や獲得が焦点である時、着目すべき限界費用はそれにかかる全部原価である。

この視点に立って固定費と埋没費用について考えると、イノベーションに関する我々の調査で観察された例外について説明がつく。

およそ新興とはいえない企業のビジネスリーダーたちは、新しいブランドの構築や新しい販売体制と流通チャネルの開発には金がかかるとぼやく。そこで、むしろ既存のブランドや組織を活用しようとする。対照的に、新規参入者は単純に新しいものを用意する。前者にすれば、チャレンジャーのほうが多くの資金を使えることが問題ではない。むしろ、彼らが全部原価か、限界費用かの選択で悩む必要がないことである。

我々は、大企業が固定費および埋没費用の理論を誤用し、これまで築いてきた資産やケイパビリティに頼って将来の成功を手に入れようとする事例を再三見てきた。これらの企業はそのような選択のせいで、新規参入者やチャレンジャーが高い収益性を実現した投資機会を逸してしまった。

これと関連する財務慣行の誤用で、やはり将来必要なケイパビリティへの投資をなおざりにさせてしまうのが、固定資産の価値を評価する際の「耐用年数」を減価償却期間として用いてしまうことだ。これは、その資産の耐用年数が「競争可能期間」よりも長い場合に問題となる。

資産を減価償却するに当たって、比較的緩やかな耐用年数を適用した場合、それらの資産がまったく時代遅れになり、新技術に基づく資産に取って代わられると、膨大な減価償却額が発生することになる。大手製鉄会社に立ちはだかった状況がまさしくこれだった。

新しいケイパビリティを構築する際、旧資産の減価償却が必要な場合、通常四半期ごとにその利益に打撃を与える。破壊的な新規参入者にしてみれば、これは無縁のものである。減価償却によって株価に悪影響が生じるとわかっていると、新技術の採用にいっそう腰が引けてしまう。

この一〇年間にプライベート・エクイティ・ファンドによる買収が急増し、また近年、技術志向型産業への関心が高まっているのは、このことに一因があるのかもしれない。

破壊的イノベーションによって、ほんの三～五年前に行われた大規模な投資でさえ、その競争可能期間が短くなるという傾向が続けば、資産の減価償却やビジネスモデルの大幅な再構築を迫られる企業が増える。ドラスティックな改革も、株式市場の外であれば、もっと容易に、しかも気持ちよく取り組めようというものだ。

このジレンマをどのように解消すればよいだろうか。レッグ・メイソン・キャピタル・マネジメントのマイケル・モーブッシンは、「プロジェクトではなく、戦略を評価することです」と提言する。アタッカーが勢いを得てきたら、既存企業はアタッカーと同じ方法によって投資分析すべきである。つまり、長期的な競争力を維持するための戦略に的を絞るのだ。これがアタッカーと同じ視点から世界を眺める唯一の方法であり、イノベーションに投資しない場合の結果を予測するには、これしか手がない。

過去の強みを活用し、将来に必要なケイパビリティを軽視することで、会社をだめにしてしまうような決断など、誰も下したりはしない。ところが多くの企業で、これと同じことが起こっている。そうなってしまうのは、戦略と財務は別々に考えるものだとビジネススクールで教わったからである。

財務モデリングの教授は戦略の重要性をそれとなく口にし、また戦略の教授からは時折、創造性を評価するようにはっきりと指示されたが、これら二つについてよく考えて統合することは怠っていた。

この問題は大半の企業で根強く、戦略は戦略の責任を負うバイスプレジデントの、また財務は財務の責任を負うバイスプレジデントの管轄下に置かれている。実際、企業の戦略というものは、複数のプロジェクトによって規定されており、投資するプロジェクト、しないプロジェクトが混在することから、財務上および戦略上のニーズは調査したうえで、統合すべきかどうかを判断すべきである。

EPSの重視は近視眼的

イノベーションに対する過小投資に導く財務パラダイムの第三は、株価の上昇、ひいては株主価値創造の主要因の一つであるEPSの重視である。経営者は各方面から多大なプレッシャーを受けるため、短期的な株価動向ばかりを気にし、やがて会社の長期的な健全性が二の次になり、ついにはすぐには見返りが期待できないイノベーション投資に二の足を踏むようになる。

こうしたプレッシャーはどこから来るのだろう。この質問に答えるには、「プリンシパル・エージェント理論」、すなわち株主（プリンシパル）の利益は経営者（エージェント）のそれとは一致しないという理論について、ざっと理解しておく必要がある。

この理論は次のように説く。株主と経営者に、株主価値の最大化に注力させる強力なインセンティブが与えられていないと、特に経営者はほかの要件を追いかけ、その過程において、効率的かつ効果的な注意を怠ったり、長年温めていた計画に無分別な投資を行ったりして、結局、株主に蓄積されるべき利益が犠牲にされる——。

インセンティブの不一致の弊害について、このように教え込まれた結果、公開企業の経営者報酬は近年、どちらかといえば、給与よりも、株価の上昇と連動する方法によって支払われるタイプが増えている。またそれが原因で、EPSとその上昇ばかりが、企業の業績評価基準としてもてはやされるようになった。

市場ポジション、ブランド、知的資本、あるいは長期的な競争力など、ほかにも重要な指標があることは誰もが承知していながら、四半期ごとの比較や企業同士の比較を容易にする単純明快な定量指標が偏重されている。

そして、EPSの上昇は株価を短期的に上昇させる重要な要因であることから、経営者は短期的にEPSの足を引っ張るような投資に反感を抱く。そのような投資の代わりに、多くはバランスシートの余剰資金を使い、「株主への返戻金」と見せかけて、自社株買いをする。

株式の数を減らせば、たしかにEPSは上がり、しかも時には目を見張るほど上昇するものの、それは企業の潜在的価値の増大には何の効果もない。そればかりか、破壊的イノベーションの可能性を秘めた製品やビジネスモデルへの投資に振り向けられるキャッシュフローを制限するため、むしろ潜在的価値を傷つけるおそれがある。実際、株式報酬こそ、二〇〇〇年代初頭、あまたのニュースの見出しを飾った株価操作の決定的な要因であるとの指摘もある。

近視眼的にEPSに焦点を合わせることが問題なのは、金銭の面だけではない。蓄財よりも評判を気にするCEOや他の経営陣は、株価や四半期利益といった、短期的な業績評価指標をとりわけ気にする。世間が言うところの成功とこれらの数字はかなり関係が深いことを承知しているため、ますます近視眼になっていく。

この行動サイクルは、利益に「思いがけない動き」があった時、増幅する。思いがけない利益増に、株価は短期的に上昇を見せる一方、思いがけない利益減には、短期的に下落する。投資家たちはこのため、長期的な業績を評価する合理的な指標を利用しようという気になれない。逆に、短期的な市場動向に付き合えば、報われる。

レバレッジド・バイアウト（LBO）市場の隆盛によって、EPSへの集中はさらに強化された。株価が下落したことを根拠に、企業価値の最大化に失敗したと見なされた企業は、買収にさらされやすい。乗っ取り屋をはじめ、企業を踊らせたり、CEOを据え替えたりして短期的な株価上昇を目論むヘッジファンドに目をつけられるからである。

こうして、この二〇年間にCEOの報酬が株価と連動する割合がいっきに拡大した。したがって、CEOの報酬そのものが飛躍的に増加した。一方それに付随して、CEOの平均在職年数は短縮された。CEOにとって最も刺激的なインセンティブを、ニンジン（報酬と富の大きな増加）と見るか、ムチ（会社の売却、あるいはCEO交替という脅威）と見るかはともかく、実に多くのCEOたちが、株価予測の好材料としてEPSに注目しており、時にはいっさいほかの材料を度外視しているというのが現状である。ある調査によれば、経営陣たちが予測利益の達成や報告利益の均等化を目的として、長期的な株主価値を犠牲にするのは、日常茶飯事だったという。

我々は、このプリンシパル・エージェント理論も同じく誤用されていると考える。まず、大多数の伝統的なプリンシパル、すなわち株主には、会社の長期的な健全性に注目すべきインセンティブがない。米国公開企業の株式の九〇％以上が、投信運用会社、年金基金、ヘッジファンドのポートフォリオに組み込まれている。これらのポートフォリオにおいて、平均的な株式保有期間は一〇カ月未満である。我々が「シェアホルダー」という言葉よりも、現状を正確に反映している「シェアオーナー」を用いたくなるのはそのせいだ。

かたやエージェントについて言えば、経営者が精力的、かつ身も心も捧げて働くのは、ほとんどの場合、報奨にやる気をそそられてではなく、その仕事を愛しているからだと、我々は確信している。したがって、経営者報酬と株価を連動させても、彼ら彼女らが仕事に注ぐ情熱やエネルギー、知力の度合いは変わらない。

ところが、経営者がその努力を傾ける先は、典型的なシェアオーナーの保有期間という領域や、インセンティブを決める業績評価指標という領域にインパクトを与える活動になりがちである。どちらの領域もその有効期限は一年に満たない。

皮肉なことに、今日のプリンシパルはエージェントでもある。つまり、他人の投資信託、投資ポートフォリオ、年金、退職金の運用を預かるエージェントなのだ。

このようなエージェントの場合、投資先企業に特別な興味を示すわけでも、また価値を見出すわけでもない。投資先企業は、単に短期的な財務基準――運用実績を評価し、また自分たちの報酬を決定する――を改善するための足場を提供するものにすぎない。

最後に、最も皮肉なことに、本当のプリンシパル、すなわち自分の金を、時には二層のエージェント（シェアオーナーと経営者）を介して、投資信託や年金プランに出資している一般の人たちは、EPSの短期的な上昇に執着し、その結果、革新的な成長機会が抑制され、長期雇用の危険が生じるというリスクにさらされている個人である場合が多いことだろう。

我々はこのような背景から、プリンシパル・エージェント理論はもはや時代遅れであると提言したい。実際には「エージェント対エージェント」問題である。すなわち、シェアオーナーのために働くエージェントの願望と目標は、その企業を経営するエージェントのそれらと対立しているのだ。両者のインセンティブはやはり一致していないものの、経営者はもはや時代と不整合を起こしているパラダイムに黙って従うべきではない。

イノベーションを促進あるいは妨害するプロセス

以上で見てきたように、イノベーション投資の正当化をかえって阻害する財務分析手法が普通に用いられている。しかも、あろうことか、投資プロジェクトにゴーサインを出すための最も一般的な意思決定システムが、以上で考察した手法と定説にまつわる欠陥をいっそう強調する結果を招いてしまっている。

●ステージゲート方式

大半の企業が、広範にわたってイノベーションの可能性を考えるところからスタートする。可能性の低いものをふるい落としながら、一歩一歩先へ進み、最も見込みが高いものだけを残す。

このようなプロセスはたいてい、「実現可能性《フィージビリティ》」「開発」「開始」という三つのステージを経ていく。各ステージは「ステージゲート」で区切られる。ステージゲートとは、プロジェクトチームが自分たちの達成したことをシニアマネジャーたちにプレゼンテーションする報告会である。

チームの進捗状況とプロジェクトの可能性に基づいて、ゲートキーパーであるシニアマネジャーたちは新しいアイデアを検討し、次の段階に進ませるか、前の段階へ差し戻してさらに調査させるか、もしくは没にする。

ところが、ステージゲート方式の開発プロセスを信用しないマーケターやエンジニアが少なくない。なぜか。それは各ステージゲートにおける判断基準はたいてい、製品の予想売上げや予想利益の規模、あるいはそれに関連するリスクだからである。

既存製品にさらなる改良を加えた製品の売上げであれば、たしかに定量化できる。しかし、破壊的イノベーションの可能性を秘めた技術や製品、ビジネスモデルによって成長を生み出すといった提案の場合、確たる数字を提示し、強く売り込むことは難しい。

そのような製品の市場は、初めは小規模で、実質的な利益が上がるまでには数年かかるのが通例である。この手のプロジェクトは資金調達戦で、漸進的あるいは持続的なイノベーションのプロジェクトと競合することになる。そのようなプロジェクトは楽々と通過するが、リスクの高そうなプロジェクトは足止めを食らったり、没にされたりする。

このプロセスには、二つの重大な弱点がある。第一に、プロジェクトチームは通常、どの程度の予想値、たとえばNPVなどの数字を出せば、予算が承認されるのを知っていること、またプロジェクトがつまずいた場合であっても、当初の仮説を多少手直しし、別のシナリオをすぐさま提出して達成基準をクリアできると説明すればよいことである。

また、財務モデルに裏付けられた八～一〇の仮説を用意しておき、そのうちのいくつかをほんのちょっと変更するというのも、よくある手口だ。その結果、ゲートキーパー役のシニアマネジャーたちには、それが優れた仮説かどうかはおろか、現実的な仮説かどうかの見分けもつかなくなる。

二番目の弱点は、ステージゲート方式の場合、提示される戦略は正しい戦略であるという前提に立っていることだ。ひとたびイノベーションプロジェクトが承認され、開発を経て、開始にこぎ着けると、後は実行の手腕次第ということになる。

開始後、製品が予測を著しく下回った場合（七五％がこのケースである）、プロジェクトは中止される。問題は、漸進的なイノベーションプロジェクトの場合を除いて、正しい戦略を予知する、とりわけ顧客の願望を満たすものを見極めるのは不可能なのだ。戦略が創発してくるのを待ち、後から微調整を加えるしかない。

ステージゲート方式は、新たな成長事業の立ち上げを目的としたイノベーションを判断するには向いていない。しかし、ほかの選択肢がないという単純な理由から、多くの企業で採用され続けている。

●DDP計画法（仮説指向計画法）

しかし幸いにも、ステージゲート方式に代わって、将来の成長に向けた賢い投資をサポートするために設計されたシステムがいくつかある。

その一つが、コロンビア・ビジネススクール准教授のリタ・ギュンター・マグレイスとペンシルバニア大学ウォートンスクール教授のイアン・マクミランが開発した「DDP計画法」(注2)(discovery-driven planning：仮説指向計画法）で、これはイノベーション投資の成功率を大幅に向上させる可能性がある。このDDP計画法は、基本的にステージゲート方式のステップの順番をいくつかひっくり返したものである。その理屈は実に単純で、わかりやすい。

どれくらいの精度の予測を提示すれば、予算を獲得できるのか、もしプロジェクトチームの全員がわかっているならば、無難な数字の組み合わせをでっち上げるために、わざわざ一度つくった仮説を手直しするなどという、見え透いた作業は不要ではないか。単純に、容認される最小限の売上げ、利益、キャッシュフロー計算書を、ステージゲート用の提案書の一ページ目に記しておけば、事足りるのではないか。そのうえで、二ページ目以降に重要案件を取り上げればよい。

「なるほど、これくらいの数字を達成しなければならないことはわかった。ならば、この数字を実現するには、どの仮説の妥当性について証明しなければならないだろうか」

プロジェクトチームは、このような分析に基づいて仮説のチェックリストを作成する。すなわち、プロジェクトを成功させるために、正しいと証明すべき事柄のリストである。

このチェックリストの項目は優先順位に従って並べられ、成否のカギを握る最重要項目、そしてほとんどコストをかけずに検証できる仮説が上のほうに記される。マグレイスとマクミランはこれを、「逆損益計算書」と呼んでいる。

プロジェクトが新しいステージに移ると、このチェックリストはそのステージ用のプロジェクト計画の下敷きとして利用される。ただし、これは実行計画ではない。あくまで学習用の計画、すなわち、成功の根拠となるこれらの仮説が実際に通用するかどうか、できるだけ早く、かつ低コストで検証するためのものである。

最も有力な仮説が妥当性に欠けることが実証された場合、プロジェクトチームは当初の戦略を見直し、その土台となる仮説がもっともらしいと確信できるまで、何度も修正を重ねなければならない。しかし、どの仮説も成功を裏付けるだけの正当性が認められない場合には、そのプロジェクトは中止となる。

伝統的なステージゲート方式では、仮説を曖昧にしたまま、財務予測に光が当たる。しかし、数字の分析にスポットライトを当てる必要はない。なぜなら、魅力的な数字が望ましいといったことが問題になった例しなど一度もないからだ。

DDP計画法では、シニアマネジャーたちがもっと知りたいと思う場所、すなわちカギとなる不確定要素から成る仮説にスポットライトを当てる。イノベーションの失敗はたいてい、重要な質問をしなかったことがそもそもの原因であり、答えが不正確だったことではない。

今日、DDP計画法は、これが絶対的に必要とされている大企業よりも、むしろ起業家精神あふれる環境で採用されている。このようなシステムの強みを紹介することで、我々の主張に賛同し、イノベーション投資プロジェクトの意思決定方法を見直してくれることを願っている。

我々は何度も見てきたが、イノベーションに失敗する原因は、正しいツールが使われていないことにある。つまり、市場を理解し、ブランドを構築し、顧客を見つけ、社員を選び、チームを結成し、戦略を練るといったことに資するツールではないのだ。

＊　＊　＊

実際、財務分析で一般的に用いられているツール類や投資の意思決定手法は、イノベーション投資の価値と重要性、そしてその成功の公算を歪めている。しかし、企業成長を実現させる、もっとよい方法は存在する。ただしこれを導入するには、財務分析の古いパラダイムの正当性を疑う勇気、そしてそれらに代わる方法論を開発する意欲が不可欠であろう。

【注】

（1）最終価値あるいは残存価値、残余価値とも訳される。予測期間以降のフリーキャッシュフロー（FCF）の現在価値を合計したもの。

（2）DDP計画法については、本書第9章「未知の分野を制覇する仮説のマネジメント」、またRita McGrath and Ian MacMillan, *The Entrepreneurial Mindset: Strategies for Continuously Creating Opportunity in an Age of Uncertainty*, Harvard Business School Press, 2000.（邦訳『アントレプレナーの戦略思考技術』ダイヤモンド社、二〇〇二年）、ならびに大江建、北原康富『儲けの戦略』（東洋経済新報社、二〇〇二年）を参照されたい。

第**6**章

イノベーションをめぐる対立を解消する

ダートマス大学 タックスクール・オブ・ビジネス 教授
ビジャイ・ゴビンダラジャン
ダートマス大学 タックスクール・オブ・ビジネス 非常勤准教授
クリス・トリンブル

"Stop the Innovation Wars"
Harvard Business Review, July-August 2010.
邦訳「イノベーションをめぐる対立を解消する」
『DIAMONDハーバード・ビジネス・レビュー』2010年12月号

ビジャイ・ゴビンダラジャン
(Vijay Govindarajan)
ダートマス大学タックスクール・オブ・ビジネスのアール C. ドーム 1924 国際ビジネス講座教授。同大学のグローバル・リーダーシップ・センターの設立ディレクターであり、ゼネラル・エレクトリック初のプロフェッサー・イン・レジデンス兼チーフ・イノベーション・コンサルタントも務めた。

クリス・トリンブル
(Chris Trimble)
ダートマス大学タックスクール・オブ・ビジネスの非常勤准教授。専門は、既存組織内のイノベーション。

両者の共著書として *The Other Side of Innovation: Solving the Execution Challenge*, Harvard Business School Press, 2010.（邦訳『イノベーションを実行する』NTT出版、2012年）などがある。

部門間の溝を埋める

事の始まりは、何気ない一言だった。フォーチュン500に名を連ねる某企業のクライアントと仕事をしていた時、我々は新たな成長戦略を遂行する特命チームの編成を提案し、「差し当たり、このチームをイノベーションチームと呼びませんか」と提案した。

ところが、クライアントはあきれ顔で「その呼び方だけは勘弁してくれ」と言うのである。「イノベーションチームというのはいったい、何をするチームなんですか。ブレインストーミングですか。それとも、新しいアイデアを考えながら一日中のんびり過ごしたり、優れた企業文化についてもったいぶって語り合うんですか。規律や責任から免れて、そんなことばかりするんですか。他の社員が目の前の仕事をこなしているというのに」

驚いたことに、「イノベーションチーム」という、たった二つの単語を口にしただけで、これほどの反応が返ってきたのである。

我々の経験上、イノベーションチーム側も、現行業務を担当する部署に対して鋭い敵意を抱いている。お役所的だ、事務的だ、杓子定規だ、頭が固い、退屈だ、動きが鈍い、勢いがない、管理志向だ、横柄だ、さらには、とにかく古くさい等々、批判を始めればきりがない。

このような敵意が存在するからこそ、経営幹部の多くは、大規模なイノベーションプロジェクトを推進するには、他の部門から分離独立した専任チームが必要だと思い込んでいるのである。

けれども、このような固定観念は、愚かというだけでは済まされない。明らかに間違っている。専任チームを孤立させれば社内の争いは緩和されるかもしれないが、イノベーション自体も骨抜きになるおそれがある。

実際、イノベーションプロジェクトの遂行に際しては、部門間の溝を何らかの形で埋めるパートナーシップ、すなわち、専任チームと、現行業務における優位性を活かすチーム――我々はこれを「実践《パフォーマンス・》部隊《エンジン》」と呼ぶ――との協働体制が不可欠である。

たしかに、このようなパートナーシップは一見、非現実的に思えるかもしれない。しかし、これを諦めるということは、イノベーションそのものを諦めてしまうことでもある。ほとんどのイノベーション・プロジェクトは、その企業が持つブランドや、顧客リレーションシップ、生産能力、専門知識といった既存の経営資源やノウハウの上に成り立っているからだ。

したがって、大企業において孤立した専任チームがイノベーションを実現しようとすれば、すでに社内に存在する経営資源を重複させる結果になるばかりか、小回りの利く中小企業に勝る最大の強み、すなわち巨大な資産基盤も無駄にしてしまう。

この一〇年間、我々は数多くのイノベーションプロジェクトを研究し、ベストプラクティスをいくつか目にしてきた。その過程で拠り所にしたのは、ジェームズ・マーチの「探索と開拓のバランス」を説いた理念や、ポール・ローレンスとジェイ・ローシュの「企業は部門の分化と統合を両立させなければならない」という主張など、いくつかの基本となるマネジメント理論である。

そして最終的には、前述した組織モデル――すなわち、イノベーション専任チームと実践部隊の間のパートナーシップ――は驚くほど応用が利くという結論に達した。

その適用分野は幅広く、持続的／破壊的なイノベーションから、漸進的／急進的なイノベーション、コンピタンス強化型／分散型のイノベーション、さらには、新規プロセス、新製品、新事業、ハイリスクの新規ベンチャーに至るまで多岐にわたる。

本稿では、この実現困難に思えるパートナーシップを構築する方法を紹介する。そのためには、次の三つのステップを踏む必要がある。

第一に、どの任務を実践部隊に担当させ、どの任務をイノベーション専任チームに担当させるかを明確にする。

第二に、適切なイノベーション専任チームを編成する。

第三に、二つのチーム間の対立をあらかじめ予測し、緩和する。

このような手順で進めれば、優れた戦略的アイデアを確実に実行するための環境が整うだろう。

ウェスト・パブリッシングの成功事例

今日のインターネット時代においてさえ、多くの法律事務所には重厚な書物であふれた書庫があり、こうした書物に収録されているのは、過去の判例である。これらの判決が積もり積もって膨大な判例集となり、将来の判決を左右する（少なくとも、米国をはじめとする諸国では、このようなシステムになっている）。そのため、法律を学ぶ学生は長々と時間を費やして、複雑かつ緻密な判例調査の仕方を習得するのである。

創業一三五年を迎えるウェスト・パブリッシングは、このようなリーガルリサーチを支援する出版社の一つである。一九九六年にトムソン・コーポレーション（現トムソン・ロイター）の傘下に入って以来、ウェストは五年連続で二桁成長を記録した。その頃、法曹界では書籍からオンラインデータベースへの移行が急速に進んでいたからだ。

しかし二〇〇一年に重大な問題に直面した。ほぼすべての顧客が同社のオンラインデータサービス、ウェストローへの移行を終えると、ウェストの成長率はゼロ近くにまで落ち込んだのである。

成長率を回復するためにウェストが目指したのは、製品ラインアップの拡充だった。同社は、顧客の中でも法律事務所、企業の法務部門、ロースクールなどとともに、それらの業務の仕方を研究した結果、彼らが主要な情報源の多くを上手に利用できていないことに気づいた。

たとえば、法律事務所が過去の判例の法的戦術を調査するには、裁判所にスタッフを走らせ、ほこりをかぶった記録の山を掘り返し、古い弁論趣意書（弁護士が判事向けに論点をまとめた資料）をコピーさせるのが常だった。

そこでウェストは、弁論趣意書のオンラインデータベース化を手始めに、一連の新規デジタルサービスを展開した。その結果、二〇〇七年までに全社の成長率が年七％近くに回復した。顧客基盤の成長ペースがこれよりはるかに遅いことを考えれば、実に見事な成果であった。

新たな文書データベースの展開は、一見したところ、ウェストにとってそれほど無謀な試みのようには思えない。しかし、当時CEOを務めていたマイケル・ウィレンズと製品開発部門のトップであるアーブ・バーブレは、この弁論趣意書プロジェクトが、規模や複雑さ、経験の面で、自社の実践部隊の組織能力を超えていることにいち早く気づいた。

二人は、専任チームの必要性を痛感する一方で、このプロジェクトには自社の既存部門によって対処できる部分があることも確信していた。そこで、専任チームと実践部隊の連携を強化することにした。ウィレンズとバーブレは、後述する三つのステップに沿って両チーム間の強力なパートナーシップを構築し、弁論趣意書プロジェクトを成功に導いたのである。

ステップ1　役割分担を決める

パートナーシップの構築の第一歩は、各チームの役割分担を明確にするところから始まる（**囲み**「役割分担を決める際のチェックポイント」を参照）。もとより経営者には、できるだけ多くの業務を実践部隊に担当させようとする傾向がある。実践部隊はすでに社内に存在し、実績を上げているからだ。しかし、ここで注意してほしい。実践部隊が現行業務で優れた実績を上げていたとしても、イノベーションプロジェクトのどの部分を分担可能なのか、現実に即して判断する必要が

役割分担を決める際のチェックポイント

1 □ 自社には、このプロジェクトのあらゆる側面に必要とされる、すべてのスキルが備わっているか。

2 □ このイノベーションプロジェクトで、実践部隊の既存業務体制に合致した部分はどこか。

ある。

両チームの役割分担には、一対九から五対五、九対一まで多彩なパターンがあり、イノベーションプロジェクトの特性や実践部隊の組織能力によって最適なバランスが決まる。このバランスはどうやって決定すればいいのだろうか。

実践部隊には、どうしても二つの限界がつきまとう。一つ目の限界は単純明快だ。実践部隊の所属メンバーの能力を超える仕事は、必ず専任チームに割り当てなければならない、という点である。

もう一つの限界は、チームワーク絡みで、ややわかりにくい。スタッフAとスタッフBが共同で実現できる内容は、単にAのスキルとBのスキルを合わせた成果だけではない。AとBの習慣的な協働から生まれる成果でもある。AとBが共に実践部隊に所属している限り、両者の協働関係を変えることは極めて難しく、この関係は日々の現行業務でさらに固定化されていく。BMWは同社初のハイブリッド車を設計するに当たり、この第二の限界に直面した（**章末**「［ケーススタディ❶］なぜBMWは無用の開発を避けることができたか」を参照）。

したがって実践部隊は、現行業務のワークフローに沿った業務だけを、ふだんと同じペースで、同じ担当者の下で進めるべきである。それ以上のものを求めてしまうと、大変な混乱を招く。実践部隊におけるイノベーション業務と現行業務との間の葛藤が深まり、実践部隊のマネジメントは不可能になるだろう。

ウェストにおいてウィレンズとバーブレが認識していたように、同社の製品開発スタッフは、たとえば「ミランダ対アリゾナ州事件」「ブラウン対教育委員会裁判」「ロー対ウェイド事件」をはじめとする数々の判例には詳しいものの、弁論趣意書を収集した経験はなかった。弁論趣意書は各地の裁判所に散在し、判例よりはるかに追跡調査や体系化が難しい。

事態をもっと複雑にしている要因は、その規模だった。一つの判決に対して多数の弁論趣意書が存在する場合もある。少なくとも、弁論趣意書の所在を特定し、入手する作業までは専任チームが担当しなければならず、場合によっては外部の専門家の助けを借りる必要もあった。

さらに深刻な問題は、このプロジェクト全体がウェストの製品開発グループ内の業務体制にそぐわないという点だった。現行の製品開発部門は五〇人余りの法律専門家で構成され、数十件の小規模プロジェクトを同時並行で進めていた。ウェストロー・データベースの改良といった典型的なプロジェクトの担当者はわずか二、三人で、所要期間は最長でも二、三週間である。

この部門は上下関係のないフラットな組織で、所属メンバー間の相互依存性も低かった。実際、あるプロジェクトでは、製品開発者にとって重要な協働作業といえば、部門横断的にＩＴ部門の同僚と連携しながら作業を進めることだった。

しかし、弁論趣意書プロジェクトの規模ははるかに大きく、ピーク時には三〇人のスタッフがフル稼働していた。製品開発者は慣れないやり方で協働作業を進めなければならなかった。また、各人は緻密に組織された、結束の強いプロジェクトチームの一員として、特定の役割を果たす必要があった。

開発者に現行業務と新規の弁論趣意書プロジェクトの両立を求めれば、関係者全員を混乱させる。そこでウィレンズとバーブレは、弁論趣意書プロジェクトの開発作業のほとんどを専任チームに任せることにした。

ただし、販売・マーケティング業務は実践部隊に担当させた。弁論趣意書データベースの営業は、ウエストロー・データベースの営業とさほど変わらないからだ。ターゲットが同じであるため、バリュープロポジション（提供価値）も説明しやすい。従来の営業プロセスに追加するだけで、ふだんと同じワークフローに沿って、同じ担当者が同じペースで進められる。

弁論趣意書データベースの営業チームは、実践部隊の一員として、同時に二つの任務をこなした。我々はこのような小グループを「共通スタッフ」と呼ぶ。

ステップ2 専任チームを編成する

役割分担を決め、必要なスキルを見極めれば、専任チームを編成するための原則は単純明快である（**囲み**「専任チームを編成する際のチェックポイント」を参照）。

まずは、社内の人事異動や外部からの雇用、小規模な買収など、あらゆる手段によって、できる限り優秀な人材を集める。次に、対象業務にとって最も有効なやり方でチームを編成する。このプロセスには、新会社をゼロから立ち上げるようなつもりで取り組むことだ。ルーセントはこのようなアプローチによって新部門を設立し、瞬く間に年商二〇億ドル規模の事業に育て上げた（**章末**「［ケーススタディ❷］」な

専任チームを編成する際のチェックポイント

1 □ 社内人材と外部人材をどのように組み合わせるべきか。

2 □ 体制面で、実践部隊といかに差別化するか。

3 □ 専任チームの業績評価、およびインセンティブはどうするか。

ゼルーセントはサービス事業をゼロから立ち上げたのか」を参照）。

とはいえ、これらの原則は、言うは易く行うは難しである。遺伝情報が親から子に受け継がれるように、企業にも、新たに立ち上げた部門が社内の他部門と同じような行動を取るという悪しき習性がある。このような新部門は実践部隊のミニチュア版にすぎず、イノベーションプロジェクトをすぐに頓挫させてしまう。

問題の原因として最もありがちなのは、つい専任チームを社内の人間で固めてしまうことだ。その気持ちは理解できる。必要なスキルを検討する以前に、気心の知れたスタッフを思い浮かべることは、ごく自然なことだ。

社内の人材は見つけやすく、新たに雇うよりもおおむねコストがかからないうえ、その能力もすでに把握できているため、リスクも低いように思える。しかも組織を熟知し、社内の信頼を得ているため、専任チームと実践部隊の対立緩和に役立つという重要なメリットもある。

しかし問題は前述のように、専任チームを社内の人間で固めてしまうと、どうしても実践部隊の縮小版として機能してしまうという点である。何しろ、誰もがその会社の伝統に根差した先入観や感性を持っており、会社の人間関係のしがらみにも縛られている。先に述べたように、何年もともに働いていた社員同士が協働の仕方を変えるのは難しい。

実戦力のある専任チームをつくり上げるには、既存の業務体制をいったん壊し、新たな体制を構築する必要がある。その三分の一でも社外の人間を引き入れれば、強力なカンフル剤になる。外部人材には断つべきしがらみもないため、新しい体制をゼロからつくり上げてくれるに違いない。加えて、外部人材のバイアスや感覚というのは他社での経験に基づいているため、おのずと社内の固定観念を打ち壊してくれるはずだ。

マネジャーも既存体制の破壊や新体制の再構築を後押しすることができるが、そのためには職務内容を見直し、新しい肩書きや新しい役職を設け、チーム内のパワーバランスを目に見える形でシフトさせる必要がある。

このバランスのシフトは重要だ。企業における従来の中枢部門（技術部門など）が、専任チームより優位に立つべきケースはほとんどないからだ（たとえば、イノベーションプロジェクトのターゲット顧客は新製品の性能より外観を大切にしたりする）。

しかるべき人材の選抜と新体制の整備は、有能な専任チームを構築する基礎となるプロセスだが、さらに、行動を方向付ける要素に注意を払うことも重要である。

新しい体制が整えば、専任チームには往々にして実践部隊とは違う業績評価指標やインセンティブ、文化的規範が必要となる。

ウェストでは既存の製品開発部門とは一線を画した専任チームを編成し、社内人材と外部人材の比率をおよそ五対五とした。さらに同社は、たとえば連邦最高裁判所に初めて提出された弁論趣意書等の貴重な文書をマイクロフィルムで収集してきた小規模企業を買収し、弁論趣意書に詳しくウェストとしがらみのないスタッフを十数人雇い入れた。

弁論趣意書プロジェクトのリーダー、スティーブ・アンダーソンは、社内人材と外部人材の混成部隊を組織化されたチームへと進化させるために、ゼロから取り組んだ。業務の遂行方法（責任分担、意思決定権の所在など）に関する社内規範を踏襲する代わりに、彼はメンバー全員を集めてこう言った。「さあ皆さん、これが我々の仕事です。さて、どうやって実現していきましょうか」

もちろん、プロジェクトの進め方が初日から明確になったわけではない。イノベーションプロジェクトとは実に曖昧なものだからだ。

けれども、チームの経験値が上がるにつれて、体制も進化していった。専任チームの体制が最初から明らかでなくとも、親会社の過去に縛られていなければそれでよい。

ウェストの社員は、アンダーソン率いる専任チームの一員として働くことに相当な違和感を覚えた。まず、自己裁量権が減り、同僚との間には以前よりはるかに密接な連携が求められた。しかも、失策を犯せば、自分自身のみならず、チームメンバーや会社の士気も下がることは明らかだった。

なかには、このような変化に馴染めず、実践部隊に戻ることを選んだメンバーもいた。これは残念な結果のように思えるかもしれないが、実はアンダーソンの方針が成功した証である。専任チームに所属する社員が全員満足しているようならば、概して、その組織は実践部隊の縮小版にすぎないからだ。

このように、社員にとっては実践部隊に戻るルートが確保されていることも重要である。イノベーションプロジェクトは失敗することも多く、所属メンバーがそれぞれの配属先で十分な力を発揮できないこともある。そのような場合に備えて、あらかじめ退路を開いておけば、社員を専任チームに勧誘することもたやすくなる。

専任チームの体制をさらに強化すべく、アンダーソンは実践部隊との間で基準や文化的価値観の差別化を図った。

ウェストでは、非常に高度な品質基準が長年受け継がれてきた。まさに法そのものともいえる判例に関して、顧客が求めるのは完全無欠の情報である。同社はこれまで、文書をデータベース化するに当たって、多段階のチェックと安全対策を実施してきた。このプロセスは、多くの場合、実際の資料をスキャンするところから始まる。

しかし弁論趣意書に関してはやや肩の力を抜き、品質に対する「執着」を「努力」へと切り換えなければならない。膨大な数の弁論趣意書に徹底的なチェックや安全対策を施すのは非現実的なうえ、顧客は完璧さよりも利便性を重視していたからだ。

ステップ3　緊張をあらかじめ緩和する

健全なパートナーシップを確実に育むのは、至難の業である（**囲み**「パートナーシップを構築する際のチェックポイント」を参照）。イノベーションプロジェクトと現行業務の間の対立など日常茶飯事であり、瞬く間にエスカレートする。緊張関係がライバル意識に、ライバル意識が敵意に変わり、敵意が全面対決を引き起こせば、その企業が長く生き残る能力は明らかに低下する。

両者の間の溝は深い。実践部隊のマネジャーは、効率性や説明責任、スケジュール、予算、スペックを重視する。どの企業でも、彼ら彼女

パートナーシップを構築する際のチェックポイント

1 □ 互いを尊重する雰囲気はあるか。

2 □ 経営資源をめぐる争いは前向きに解決されているか。

3 □ 共通スタッフはイノベーションプロジェクトに十分な注意を払っているか。

らの基本的な姿勢に変わりはなく、その狙いはあらゆる業務、プロセス、活動において、反復性や予測性をできる限り高めることにある。

イノベーションプロジェクトはこれと対照的に、非定型で不確かな点が特徴だ。このような不一致から、おのずと対立が生じる。

リーダーたちは、相互理解に基づく関係をたえず補強することで、対立を阻止しなければならない。専任チームのリーダーは、実践部隊の生み出した利益で開発コストをまかなっていること、専任チームの成功が社内資産の活用力にかかっていることを心に留めておくべきだ。実践部隊の反発は、怠慢や変化に対する本能的な抵抗感から生じるものではなく、現行業務の効率性をできる限り向上することで優れた成果を上げようとする優秀な社員の努力に起因していることも忘れてはならない。

対する実践部隊のリーダーも、永遠に存続する実践部隊など存在しないことを肝に銘じておくべきだ。イノベーションプロジェクト担当のリーダーを「難解な夢を追い求め、ひたすら規律をないがしろにしようとする、向こう見ずな反逆者」として切り捨てれば、会社の未来も切り捨てることになる。

パートナーシップを実現するには、イノベーションプロジェクト担当のリーダーが積極的かつ協力的な姿勢で臨まなければならない。実践部隊を敵に回すのは、実に愚かな考えである。全面対決になれば、実践部隊が必ず勝つ。何しろ、規模でも力でも勝っているのだから。

まさにこのような理由で、イノベーションプロジェクトでは、いかに有能なリーダーでも上層部の支援が必要となる。上層部は必要とあれば実践部隊の短期的なニーズを差し置いてでも、自社の長期的な利益を見据えて行動できる。このような力を持った上級幹部による直接的な支援が不可欠である。

したがって、イノベーション担当のリーダーは、同規模の予算を管理するマネジャーよりも、おおむね二、三段階上の上司に報告を上げなければならない。たとえばＷＤ－40のイノベーションプロジェクトは、ＣＥＯの直轄で進められた（**章末**「［ケーススタディ❸］いかにしてＷＤ－40は摩擦を最小限に抑えたか」を参照）。

ただし、イノベーション担当のリーダーから報告を受ける上級幹部は、イノベーションチームだけの応援団長にならないよう注意しなければならない。実践部隊の貢献や重要性を称賛し、会社が長期的な勝利を収めるには、両者がともに成功を収める必要があることを力説しなければならない。

イノベーション担当のリーダーと上級幹部は協力して、対立をあらかじめ予測し、積極的に解決していかなければならない。対立が激しいものになっても、実践部隊と専任チームの間できっちりと役割分担を決めておけばマネジメントしやすい。

最も一般的な対立は、稀少な経営資源をめぐる争いである。イノベーションプロジェクトと現行業務を合わせた総合的な活動が経営資源面の限界を超えて実践部隊を圧迫しているのであれば、どちらかを選択しなければならない。

稀少な経営資源をめぐる争いが、正式な予算編成プロセスに影響を及ぼすこともある。イノベーション担当のリーダーが、複数の実践部隊のリーダーから何らかの公約を取り付けようとすることも少なくない。しかし、このような駆け引きをするよりもむしろ、イノベーションプロジェクト全体の計画や予算編成プロセスを通じて、両者の対立を上級幹部に直接調整してもらえば、上手に解決できるだろう。

それ以外に、共通スタッフの注意を引くための争いもある。イノベーション担当のリーダーは「プロジェクト予算が承認されれば、経営資源をめぐる争いは終わりだ」と考えがちだが、そうではない。共通スタッフたちは、この新規プロジェクトにどの程度のエネルギーを注ぐべきか日々判断しているのだ。

そうなると、イノベーション担当のリーダーの説得力が物を言うが、これが十分でないこともある。企業の中には、共通スタッフ向けに特別なインセンティブや目標を設けることで、イノベーションと現行業務双方のニーズに対応するよう後押ししているところもある。

あるいは、共通スタッフが費やした時間に応じた費用をイノベーションプロジェクトに課金するところもある。そうすれば共通スタッフも、イノベーション担当のリーダーを、仕事のじゃまをする存在ではなく、クライアントとして意識するようになる。

感情面の衝突もマネジメントしなければならない。敵意は、イノベーションプロジェクトが既存事業とのカニバリゼーション（共食い）を起こすといった、実質的なビジネス上の問題に根差している場合もある。上級幹部は「イノベーションプロジェクトは長い目で見れば自社に最大の利益をもたらす」と常にアピールし、一方で、雇用に関する不安を緩和するために最善を尽くさなければならない。

さらに、敵意がそのまま嫉妬に変わるケースもある。イノベーションプロジェクトが会社の最重要プロジェクトと見なされれば、実践部隊は市民権を奪われたような感覚を抱きかねない。専任チーム側も、気まぐれな試みばかり追求しているような疎外感を覚えるかもしれない。

一部の企業では、人事考課の主要評価項目に「社内パートナーと協力して業務を生産的に進める能力」を掲げることで、嫉妬による影響に対処しているところもある。

ウェストの弁論趣意書プロジェクトも、さまざまな対立や衝突に直面したが、スティーブ・アンダーソンがしかるべきリーダーシップを発揮し、うまく乗り切った。彼は実践部隊を、敵ではなくパートナーと見なし、マイケル・ウィレンズとアーブ・バーブレという二人の上級幹部から、たえず支援を受けた。

ウィレンズとバーブレは、特に経営資源面での衝突に細心の注意を払った。バーブレは共通スタッフ部門のメンバーに、弁論趣意書プロジェクトへの協力を求める際、いまやるべき仕事と先延ばしにできる仕事を明確にした。場合によっては、契約社員を雇って文書データの取り込みのようなルーチンワークをサポートさせ、イノベーションと現行業務の優先順位が確保されるよう配慮した。

他方、アンダーソンは共通スタッフのやる気を引き出すことの重要性を痛感した。彼とそのチームは共通スタッフの協力を促すためにさまざまな対策を講じたが、その一環として『弁護士ペリー・メイスン』というテレビドラマをベースにした寸劇を作成した。その内容は、弁護士の実生活を紹介し、弁論趣意書データベース製品が非常に重要な理由を説明するものだった。

ウィレンズとバーブレは、アンダーソンの取り組みをバックアップするための一つの手段として、営業チーム向けの特別なインセンティブを用意し、この新製品の拡販を後押しした。

三人のリーダーは、感情面での対立に対する配慮も怠らなかった。弁論趣意書プロジェクトが成功の兆しを見せ始めると、実践部隊の一部のメンバーが「花形プロジェクト」から外されているような疎外感を抱いていることに気づいた。そこで三人は、イノベーション専任チームと実践部隊の双方に対して、コアビジネスの重要性を強調すると同時に、チームの功績を広く称える場を設けるよう努めた。

イノベーションに新旧の戦いは必要ない

ウェストの弁論趣意書プロジェクトは期待を上回る反響を呼んだ。実際、同社には「このデータベースを他の法律分野や法域に展開するのは、いつ頃の予定か」という問い合わせが殺到した。同社は弁論趣意書に続き、供述書や訴訟事件一覧表などの新しいデータベースを開発するプロジェクトを次々と立ち上げた。

このようなプロジェクトの組織体制は常に同じとは限らなかった。たとえば、ピアモニターという製品を推進する際には、開発から商品化までほぼすべての作業を専任チームに任せた。ピアモニターが提供するデータを利用すれば、法律事務所はライバルの業績をもとにみずからの業績が評価できるものであった。

販売やマーケティングも専任チームに担当させた理由は、ピアモニターの販売には特別なスキルが求められたうえ、購買サイクルが長かったからである。

またターゲット顧客も異なっていた。ウェストの製品のほとんどは法律家をターゲットにしているが、ピアモニターは法律事務所の経営パートナーに直接売り込むものである。この製品イノベーションの営業チームは、アプローチ全般において実践部隊の営業チームと連携して動いた。

ウェストのケースは研究に値する事例といえよう。他社が挫折してきた分野で成功できたのは、同社が「イノベーションとは既存組織の内部か外部のいずれかで生じる、というものではない」「イノベーションには新旧の戦いなど必要ない」と考えていたからだ。むしろイノベーションに必要なのは、新規チームと既存部門のパートナーシップである。

このようなパートナーシップの確立は困難ではあるが、マネジメント自体は難しくない。しかも、必要不可欠である。パートナーシップが確立されていなければ、イノベーションに未来はない。

［ケーススタディ❶］
なぜBMWは無用の開発を避けることができたか

ハイブリッド自動車の心臓部には、回生ブレーキが必ず装備されている。従来のブレーキは、車両の動きによって生じたエネルギーを浪費し、摩擦や無駄な熱を発生させる。一方、回生ブレーキはこの運動エネルギーを回収し、再利用する。車速が落ちると、回生ブレーキに組み込まれた発電機がハイブリッド車の巨大なバッテリーを充電するのである。

BMWでは、二〇〇七年に初のハイブリッド車設計プロジェクトが発足したが、同社のチーフデザイナーであるクリス・バングルは当初、プロジェクトの進行が遅いことに落胆していた。彼が見る限り、技術力不足が原因とは思えなかった。BMWには優秀な専門家が揃っていたからだ。

実は問題は、その形式張った組織体制やプロセスにあったのである。設計手順が確立されていたため、バッテリーの専門家がブレーキの専門家に相談するということもなく、両者間の日常的なワークフローも存在しなかった。

そこでバングルは、回生ブレーキの設計に携わる各コンポーネントの専門家の間で連携を強化するため、専任チームの立ち上げを決定した。彼が「エネルギーチェーン」と名付けた専任チームのおかげで、プロジェクトは迅速に推進された。

BMW初のハイブリッド車発売に向けて、エネルギーチェーンチームは回生ブレーキの設計を担当し、それ以外の業務——デザイン、エンジニアリング、販売、マーケティング、流通など——は実践部隊が担当したのである。

【ケーススタディ❷】

なぜルーセントはサービス事業をゼロから立ち上げたのか

二〇〇六年、ルーセント・テクノロジーは、ある大手通信会社の通信網再編をサポートするという契約にサインをした。その四年前には、想像すらできなかった大規模なサービス契約である。

ルーセントは、通信ハードウェア分野において製品や技術的ブレークスルーを生み出すことは昔から得意だったが、ドットコムバブルの崩壊後は、新たな成長源を求めて、サービス事業に注目していたのだ。

同社はサービス事業に必要な技術力には長けていたが、組織のDNAには恵まれていなかった。顧客担当マネジャーではなく、技術者が権力を握っていたのである。しかも、サービス業務のペースは週単位で、従来の何年も続く通信ハードウェアの購買サイクルとは完全にかけ離れていた。

そのため、ルーセントはこのプロジェクト全般を専任チームに遂行させる必要があると悟った。

同社は、まるで新会社を立ち上げるように、専任チームを編成した。EDS（二〇〇八年にヒューレット・パッカードが買収）からサービス事業のベテランをリーダーとして採用し、経験豊かなサービス担当役員を何人も招いた。さらに、サービス企業を真似た人事方針を取り入れた。

そして、製品ラインのROIではなく人材の活用に重点を置いた業績スコアカードも新規に開発した。この業績スコアカードでは、サービス担当者の報酬と稼働率を直接関連付けた。

それから四年後、ルーセントのサービス部門は、二〇億ドル以上の年商を上げるまでに成長した。

【ケーススタディ❸】

いかにしてWD-40は摩擦を最小限に抑えたか

本業の成長に弾みをつけるため、WD-40のCEOギャリー・リッジは画期的な製品を開発するチームを立ち上げ、これを「チーム・トゥモロー」と名付けた。

このチームには、新たに雇用した研究者や外部パートナーを迎え入れた。最初に手掛けた試みの一つが、ノー・メス・ペン（メチャクチャにならないペン）の開発である。この製品のおかげで、少量の潤滑油、WD-40を狭いスペースにたやすく塗布できるようになった。画期的な新発明のようには見えない製品だが、技術面の課題は多く、開発には数カ月を要した。

同社のマーケティングチームは、以前から製品開発に携わり、既存製品の改良・刷新・パッケージ改良において日々活動を行ってきたが、今回はチーム・トゥモローと共同で、新製品の商品化を担当することになった。

この協働体制において衝突が生じた原因は明白である。当初、マーケティングチームのスタッフの一部は、画期的な製品を開発するという魅力的な挑戦は、本来自分たちの担当だと感じていたからだ。

次に表面化したのが、経営資源面の制約である。マーケティングチームの限られた時間や経営資源を、実験的な製品に費やすか、それとも定評のあるヒット商品に投入するかも悩ましかった。

しかも、チーム・トゥモローの新製品が既存製品とカニバリゼーションを起こすのではないかという不安もあった。

チーム・トゥモローのリーダーを務めるグラハム・ミルナーとステファニー・バリーは、このような対立を乗り切るために、マーケティングチームのトップと協力して事に当たった。

情報を共有し、意見を取り入れるオープンな方針とした。さらに、マーケティングチームと連携して慎重に計画を調整し、ボトルネックや経営資源面の衝突を予測した。

このような衝突を解決できるのはCEOだけだと悟っていたミルナーとバリーは、状況をいち早くリッジに知らせ、優先順位をつけてもらった。リッジは、必要だと判断すればマーケティングチームにスタッフを増員し、十分な労働力の確保を図った。

ノー・メス・ペンの長期的な重要性を伝えるために、リッジはどこに行くにもペンの試作品を持ち歩いた。こうした姿勢は、チーム・トゥモローの思惑通りに注目を集めたが、少なくとも最初のうちはマーケティングチームの一部メンバーの間で疎外感も増幅させた。リッジ、ミルナー、そしてバリーの三人はすぐに、コアビジネス部門の実績を称えることが重要だということに気がついた。

リッジは、これ以外にもさまざまな対策を講じて、WD－40の成功を後押しした。部門横断的なコラボレーションに貢献したとして、関係者全員を高く評価した。彼は、データを収集し、ノー・メス・ペンのおかげで既存製品の売上げが明らかに伸びていることを示す分析結果を皆に示すことで、カニバリゼーションに対する不安も解消することができた。

第**7**章

GEの リバース・イノベーション戦略

ゼネラル・エレクトリック 会長兼CEO
ジェフリー R. イメルト
ダートマス大学 タックスクール・オブ・ビジネス 教授
ビジャイ・ゴビンダラジャン
ダートマス大学 タックスクール・オブ・ビジネス 非常勤准教授
クリス・トリンブル

"How GE Is Disrupting Itself"
Harvard Business Review, October 2009.
邦訳「GE: リバース・イノベーション戦略」
『DIAMONDハーバード・ビジネス・レビュー』2010年1月号

ジェフリー R. イメルト
(Jeffrey R. Immelt)
ゼネラル・エレクトリックの会長兼CEO。

ビジャイ・ゴビンダラジャン
(Vijay Govindarajan)
ダートマス大学タックスクール・オブ・ビジネスのアール C. バウム 1924 教授。国際経営論を担当。同大学のグローバル・リーダーシップ・センターのディレクター、また GE のチーフ・イノベーション・コンサルタントを務める。

クリス・トリンブル
(Chris Trimble)
ダートマス大学タックスクール・オブ・ビジネスの非常勤准教授。

新興国での成功なくして先進国での勝利はない

ゼネラル・エレクトリック（ＧＥ）は二〇〇九年五月、今後六年間に三〇億ドルを投じ、医療分野において、低コストと高性能を兼ね備え、これまで以上に利用しやすいイノベーションを最低一〇〇種類開発すると発表した。

その際に紹介したのが、一〇〇〇ドルの携帯型心電計（ＥＣＧ）、そしてノートＰＣを利用する、一万五〇〇〇ドルという低価格のコンパクト超音波診断装置の二つである。

これらが画期的なのは、小型で低価格であるという理由だけではない。そもそも新興経済の市場向け――ＥＣＧはインドの農村部向け、超音波診断装置は中国の農村部向け――に開発されたが、現在では米国国内でも販売され、新たな利用法も生まれつつあるという点でも特別なのである。

我々は、これら二つの機器の開発とグローバル化のプロセスを、「リバース・イノベーション」と呼んでいる。先進国の産業財メーカーが長らく行ってきた「グローカリゼーション」とは正反対のアプローチだからである。

グローカリゼーションとは、優れた製品を自国で開発し、全世界に向けて販売し、地域特性に合わせて一部改良するというものである。このアプローチならば、多国籍企業は、コストの最小化に不可欠なグローバル化と市場シェアの最大化に必要なローカル化のトレードオフを最適化できる。

先進国が市場全体の大半を占め、その他の国には大きなビジネスチャンスがなかった時代には、グローカリゼーションは奏功した。しかし、そのような時代は終わった。中国やインドなど膨大な人口を抱える国が急速に発展する一方、豊かな国々の成長が鈍化してきたからである。

GEは、低価格のECGや超音波診断装置といったイノベーションを、何より必要としていた。中国やインドなどの地域において、ハイエンド・セグメントのみならず、市場のさらなる拡大を図るためであり、またこれらの地域の現地企業、すなわち新興国の大手企業が類似品を開発し、先進国市場でGEを打ち負かそうとしている機先を制するためである。

はっきり申し上げよう。グローカリゼーション同様、リバース・イノベーションの能力を身につけなければ、GEの各事業が今後一〇年を生き残り、好業績を得ることは難しい。新興国で成功することは、先進国で勝ち残るための必要条件なのだ。

問題は、グローカリゼーションとリバース・イノベーションは相容れないことである。また、グローカリゼーションは今後も重要な戦略であり続けるであろうから、単純に置き換えることもできない。

とはいえ、これら二つのモデルを共存させるだけでも十分でない。そこには相乗効果が必要である。しかし、それは「言うは易く、行うは難し」である。多国籍企業のグローカリゼーションを成功に導いてきたのは、中央集権的で製品中心の組織構造と経営慣行であるが、これは分散型で地域市場を志向するリバース・イノベーションの足かせになるからだ。

リバース・イノベーションには、ここに投入される人材と経営資源のほとんどすべてを、地域市場に配置し、そこで管理する必要がある。これら「ローカル・グロース・チーム」（LGT）には、個々に損益責任を負わせる一方、地域特性に応じた製品の開発、製造、営業、サービスに関する権限、そして世界各国のGEの経営資源を利用できる権利が必要である。

新興国市場で成功を収めた製品は、間違いなくグローバルに展開できる。その際、これまでにない使い方を開発したり、価格帯を引き下げたり、あるいは先進国で販売している高マージン製品と競合させるために、これらのイノベーションを利用することも考えられる。これらのアプローチはいずれも、グローカリゼーションとは対極のものである。

本稿の目的は、GEがこのジレンマを克服するうえで学んだことを、読者の方々と広く共有することにある。

リバース・イノベーションがなぜ必要なのか

グローカリゼーションがここまで浸透したのは、これが王道だったからである。GEの海外売上げは、一九八〇年には四八億ドル、すなわち総売上げの一九%を占めていたが、二〇〇八年には九七〇億ドル、すなわち全体の半分を超える金額にまで急拡大した。これは、グローカリゼーションに負うところが大きい。

このモデルは、いままで言うところの新興国においてビジネスチャンスがかなり限られていた時代、すなわち新興経済が台頭する以前、またローエンドあるいはミドルエンドのセグメントがまだ存在しなかった頃には効果的であった。

当時、多国籍製造業にとって、先進国向けの製品に手を加えて地域市場で販売することは理にかなっていた。GEも当初、他の多国籍企業同様、グローカリゼーションによって、新興国で一五〜二〇％程度の成長が得られれば十分であると考えていた。

二〇〇一年九月、本稿執筆者の一人、ジェフリー・R・イメルトがGEのCEOに就任し、一つの目標を掲げた。すなわち、内部成長を促進し、買収に頼らないというものである。これにより、GEの社員たちは、それまで当たり前とされてきたことの多くを自問することになった。新興国の上澄みをすくうだけだったグローカリゼーション戦略もその一つである。

医療をはじめ、発電や送電などの事業を徹底的に分析したところ、グローカリゼーションによって見過ごされていたチャンス、つまり中国やインドといった人口超大国でのチャンスを物にできれば、これらの地域において、これまでの二倍ないしは三倍の速さで成長できることが判明した。

ただしそのためには、これら新興国市場における特殊なニーズや顧客の懐具合に見合った画期的な新製品を開発しなければならない。その実現を目指して、GEのビジネスリーダーたちは、グローカリゼーションにまつわる主たる二つの思い込みについて、自問自答することになった。

思い込み❶ 新興国市場も先進国と同じように発展していく

しかし現実には、新興国は同じ過程をたどることはなく、ブレークスルー・イノベーションをすすんで導入するため、実のところ先進国を飛び越えてしまうことも少なくない。

一人当たり世帯所得が先進国に比べて格段に低いため、新興国では、超低価格でそれなりの性能、たとえば先進国の一五％の価格で五割の性能が保証されたハイテクソリューションで十分喜んでもらえる。新興国には、先進国にあるインフラの多くが存在しない。これらは、状況がまったく異なる時代につくられたものである。むしろこれら新興国には、現在の課題やビジネスチャンス、たとえば予測できない原油価格やユビキタス無線技術などに対応した、通信、エネルギー、輸送に関する製品やサービスを必要としている。

さらに、中国やインドなどは膨大な人口を抱えているため、地球環境への配慮が喫緊の課題になっている。それゆえ新興国は、先進国より数年いや数十年先んじて、さまざまな環境問題に積極的に取り組む可能性が高い。

いずれも理屈ではない。すでに起こっていることである。実際、低コストの医療機器、炭素隔離（二酸化炭素の排出を抑制すること）、太陽光および風力発電、バイオ燃料、分散型発電（小規模な発電機を複数分散させて発電すること）、電池、海水の淡水化、マイクロファイナンス、電気自動車、超低価格住宅といった分野で、新興国がイノベーションの中心になりつつある。

思い込み❷ 新興国固有のニーズに対応した製品は競争力に乏しく、先進国では販売できない

しかし現実には、このような製品は、劇的な低価格を実現したり、新しい使い方を開発したりするこ

とによって、先進国でも新たな市場を創造できる。

米国におけるGEの医療事業について考えてみたい。かつてここでは、高価格のCT（コンピュータ断層撮影）やMRI（核磁気共鳴画像法）が売上げの大半を稼ぎ出していた。バラク・オバマ大統領は、分け隔てない医療サービスへのアクセスと診療報酬請求の削減を望んでいるが、そのような時代に成功するには、半数の製品を低価格で提供する必要がある。

とはいえ、画像診断装置などハイテク製品の廉価版を販売すればよいというわけではない。たとえば、インド市場向けに開発した保温機能付きベビーベッドは、風邪による乳幼児の死亡がいまだ多い米国都市部でも大きな潜在需要があり、GEはこのような製品をいっそう開発しなければならない。

忘れてならないことは、要求の多い顧客に応えることで、技術は進歩することが多いということだ。たとえば、これまで据置型音波診断装置に要求されていた画像解析機能も、いまでは携帯型超音波診断装置用のアプリケーションがある（**図表7**「リバース・イノベーションの実例」を参照）。

もう一つの例は、チェコの航空宇宙企業を二〇〇〇万ドルで買収し、手に入れた航空機エンジンである。GEはさらに二五〇〇万ドルを投じて、このエンジンを技術改良し、これを武器に、現在先進国の小型ターボプロップエンジン（プロペラ用のガスタービンエンジンの一つ）市場を独占しているプラット・アンド・ホイットニーの牙城を切り崩す計画を進めている。GEの原価構造は、おそらくプラットの五割程度だろう。

3 THE NEWGLOBAL MARKET
新たなグローバル市場

ポータブル型超音波診断装置の
全世界での売上げ

ポータブル型超音波診断装置

2009年の価格……**1万5000～10万ドル**

据置型超音波診断装置

2009年の価格……**10万～35万ドル**

技術進歩のおかげで、PCを用いた機種の中で高価格帯のものは、かつて据置型に限られていた放射線科や産科の機能も果たすことができる。

図表7｜リバース・イノベーションの実例

1 ORIGINAL PRODUCT 初期製品

GEは1990年代、米国と日本で開発された超音波診断装置を中国市場に売り込んだ。

既存の超音波診断装置の価格（2002年）

10万ドル超

主な顧客

先端技術を備えた病院の
画像診断センター

主な利用法

- 循環器系
（血管の大きさや心臓内の血流を測るなど）
- 産科
（胎児の健康状態をモニターする）
- 一般放射線科
（前立腺の状態を診るなど）

しかし中国では、高価で大きな装置は売れなかった。

2 THE EMERGING MARKET DISRUPTION 新興市場発の破壊的イノベーション

中国のローカル・グロース・チーム（LGT）は2002年、GEのグローバル経営資源を利用して、ノートPCに超音波探触子と先端ソフトウェアを搭載した低価格の携帯型超音波診断装置を開発した。

ポータブル型超音波診断装置

2002年の価格……**3万〜4万ドル**
2007年の価格……**1万5000ドル**

主な顧客

中国：農村部の診療所
米国：救急隊や緊急救命センター

主な利用法

中国：肝臓肥大や胆石の発見
米国：緊急救命センターにおける子宮外妊娠の診断、事故現場における心嚢水貯留の測定、手術室における麻酔用カテーテルの挿入

LGTは2007年、超低価格のモデルを発売し、中国での売上げは急増した。

新興国大企業の機先を制す

金融危機によって深刻な世界同時不況が訪れる前、ＧＥのビジネスリーダーたちは、野心的な成長目標を達成するうえで、新興国はその一助になるだろうと考えていた。しかし現在、これらの市場への依存度はいっそう高まっている。

なぜなら、不況が終わっても、先進国は、長期的な低成長、すなわち年一～三％の成長に留まると予想されるからである。これとは対照的に、新興国市場の成長率は軽く先進国の二、三倍に達するだろう。一〇年前ならば、ＧＥ経営陣は、米国、欧州、日本、その他地域に分けて、グローバル市場について議論していた。しかしいまでは、中東、ブラジル、カナダ、オーストラリア、ロシアといった「資源大国」、あるいは中国やインドなどの「人口大国」が議論の中心である。そして、米国、欧州、日本は「その他地域」になった。

実のところ、ＧＥがリバース・イノベーションに取り組むのは、自己防衛のためでもある。ＧＥが開発途上国でイノベーションを開発しなかったり、あるいはグローバル展開しなかったりすれば、新興国の新手たち、たとえば中国の邁瑞生物医療《ミンドレイ・メディカル》や金風科技（ゴールドウインド・サイエンス・アンド・テクノロジー）、海爾集団《ハイアール・グループ》、あるいはインドのスズロン・エナジーあたりが何か仕掛けてくることだろう。

ＧＥが事業展開している市場では、インド企業より中国企業のほうが大きな脅威になると考えられる。

輸送と発電のグローバル市場において一大勢力になるという中国企業の計画はけっして夢物語ではない。GEのパワージェネレーション事業は、GEにとって極めて重要な地域であるアフリカで中国企業と競合しており、よく鉢合わせになる。これら中国企業がGEの縄張りに挑んでくる日もそう遠くないかもしれない。そう考えると、身が引き締まる。

GEは、シーメンスやフィリップス、ロールスロイスなど、従来のライバルたちを高く評価している。とはいえ、彼らとの戦い方は心得ている。彼らには、GEをノックアウトすることはできない。しかし、低価格／高性能のニューパラダイムをつくり出す製品を上市することによって、新興国の大企業がGEを打ち破る可能性は十分ある。リバース・イノベーションについて選択の余地はない。必要不可欠なのだ。

グローカリゼーションとの衝突

国際戦略はここ三〇年間、グローカリゼーションに従ってきた。

ハーバード・ビジネス・スクール名誉教授クリストファー・A・バートレットと元ロンドン・ビジネススクール教授の故スマントラ・ゴシャールが唱えた「トランスナショナル戦略」(注1)や、IESEビジネススクール教授のパンカジュ・ゲマワットによる「適応アダプション—集約アグレッション」(注2)のトレードオフ概念など、代表的なアイデアはどれも、グローカリゼーションのフレームワークに収まる。「組織は戦略に従う」ことを考えれば、多国籍企業の組織構造と経営がグローカリゼーションをひな型にしているのも当然といえる。

GEはその典型である。同社は過去三〇年にわたり、グローカリゼーションの効果を最大限引き出すために、その組織を改革してきた。権限と損益責任は、先進国に本部を置く各グローバル事業ユニットが統括していた。またR&D、製造およびマーケティングなど主要な職能は、本社で一括管理されてきた。研究所と製造業務の一部は、海外人材の採用とコスト削減のために国外に移転されたとはいえ、主に先進国向け製品が中心であった。

グローカリゼーションにはさまざまな長所があるが、まさにこれによってリバース・イノベーションが阻まれる。GEヘルスケア・インドの社長兼CEOベンカトラマン・ラジャの経験を聞けば、その理由がわかるだろう。

GEヘルスケアでも、一般に「Cアーム」と呼ばれる手術用のX線画像診断装置を販売している。先進国の病院向けに設計された高品質・高価格の機器であり、インドでも販売を試みたが、ほとんど売れなかった。

ラジャは二〇〇五年、問題を発見し、ある提案を上申した。それは、よりシンプルで使いやすい超低価格製品を、インドで開発・製造・販売するというものだった。彼の提案は当を得たものだったにもかかわらず、やはり認められなかった。

ラジャのように新興国でGEの事業を率いている者は、たいてい同じ壁にぶつかってしまう。彼ら彼女らに与えられた責任は、ゼネラルマネジメントでも製品開発でもない。GEのグローバル製品を現地で販売・流通させ、サービスを提供することであり、また現地の顧客ニーズを製品に反映させるために、その情報を本社に伝えることである。

さらに、売上げを年一五～二〇％で増やすと同時に、利益率を高めるためにコスト上昇率はそれ以下に抑えることが求められる。そして、計画の実行に関するアカウンタビリティ（結果への説明責任）もある。現地市場のニーズに合わせた製品を企画提案するなど、正規業務以外の活動に割く時間を捻出することは難しい。

しかしこれも、次のステップ、すなわち自分のアイデアを社内に売り込むことに比べれば、大したことではない。そのためには、まず米国本社のゼネラルマネジャーの目に止まらなければならない。

彼ら彼女らは、直属の上司の二段階もしくはそれ以上の階層の人たちで、ボストンにある世界的に有名なマサチューセッツ総合病院（ＭＧＨ）のことはよく知っていても、バンガロール郊外にある村の診療所のことはまったく知らない。また、たとえミーティングの機会が得られても、説得の時間は限られている。

二〇〇五年当時、インドの売上げはＧＥ全体の一％を占める程度で、グローバルな事業責任を負っているマネジャーたちにすれば、インド市場の重要度はその売上比率と同じくらいしかなかった。

説得の達人であれば、他のマネジャーにもプレゼンテーションするチャンスがあるかもしれない。しかし、グローバル製造の責任者のところに行けば、カスタマイズした製品よりも、シンプルかつ簡素化されたグローバル製品のほうが効率的であるという主張に反論しなければならない。

ＣＭＯ（最高マーケティング責任者）を訪ねれば、低価格製品はＧＥブランドを傷つけるばかりか、現在の売上げを侵食しかねないという懸念を解消しなければならない。またCFOを訪ねれば、低価格製品が全社の利益率を引き下げるのではないかという不安と対峙しなければならない。

グローバルR&Dの担当役員には、新興国市場のテクノロジーセンターの人材も含め、GEの科学者やエンジニアたちを、なぜプレミアム価格を支払う最新鋭の機器を求める顧客向けのプロジェクトから引き離す必要があるのか、説明する必要に迫られる。

これら執行役員の支援を取り付け、めでたく実行することが決まっても、より見通しが明るく短期的な利益も見込めるプロジェクトと争って、毎年予算を確保しなければならない。もちろんその間、本来の仕事が四半期業績を達成できるかどうかについても、気を揉むことになる。

発展途上国で画期的な新製品の開発に取り組んでも、めったに日の目を見ないのは、けっして不思議ではない。

重心を移動させる

言うまでもなく、長い時間をかけてできあがった組織構造、経営慣行、態度を変えることは至難の業である。どのような変革プログラムにもいえることだが、経営陣が中心的な役割を果たさなければならない。

そのためには、まず手始めに、そのビジネスチャンスの規模と開発方法について調べ、各事業のマネジメントチームにも同じ作業をさせる。

イメルトはGEのCEOとして、年二回、中国とインドに足を運んでいる。中国では、上海のR&Dセンターを一日視察し、何グループかに分けて現地法人の社員数十人とミーティングを持ち、現在の業務や原価構造、ライバルについて意見を交換する。彼はこのような出張の中で、GEがすぐにでも取り入れるべき技術分野の存在を実感している。

イメルトは中国訪問中、当時の胡錦濤国家主席など政府の要人たちと会合する機会を持つ。胡主席は、中国経済の発展に関する自身の計画を語り、またこの中に、どのように全国民が医療サービスを受けられる仕組みを組み込めばよいのかについて相談する。このような会話を通じて、中国でのビジネスチャンスを見極めることができる。

インドでは、インド企業のCEOたちと夕食をともにする。イメルトはある夕食会の席で、インドの有力財閥マヒンドラ・アンド・マヒンドラ・グループ（M&M）総帥のアナンド・マヒンドラから、インド市場において、米国の大手建機メーカーであるジョン・ディア（ディア・アンド・カンパニー）の半値でトラクターを販売して打ちのめし、それでもなお大きな利益を得ているという話を聞いた。このような会話から、インドの場合、よくできたビジネスモデルは儲かるというのも納得できる。

CEOの仕事は――この場合、すべてのシニアマネジャーに当てはまる――橋渡し役として、点と点をもれなく結び付けることである。具体的に言えば、各イニシアティブにてこ入れし、資金を与え、毎月もしくは四半期ごとに進捗状況をみずからチェックすることだ。

リバース・イノベーションにおいて、おそらく最も重要なことは、新興国市場で製品やビジネスモデルのイノベーションが次々に生まれてくるように、自社に新しい形態の組織を用意することである。

内部の成功に学ぶ

新しい組織形態を開発するに当たり、GEはいつものやり方を踏襲した。すなわち、他社の経験に学ぶだけでなく、何とか障害を乗り越え、成功を果たしたグループを社内から見つけ出すのである。経営陣は、年次戦略会議において、GEヘルスケアの超音波診断装置チームの中に、それを発見した。

GEヘルスケアの主力事業は、ハイエンド画像診断装置である。一九八〇年代後半まで、超音波はまさしく新技術であり、前途有望であることがわかっていた。超音波診断装置は、他の画像診断機器同様、主に病院の先端的な画像施設で使われていた。CTやMRIに比べて画質は劣るものの、価格は格段に安かった。GEは、超音波分野のナンバーワンを目指した。

以後一〇年間、GEヘルスケアは、超音波市場で勢力を拡大していった。ミルウォーキーにある本社の近くに、新しい超音波機器を開発するR&D基地を設け、世界各地で買収や合弁を繰り返した。産婦人科、循環器系、そして放射線の主要三セグメントすべてで、最先端技術を使ったハイエンド製品を展開した。こうしてGEヘルスケアは、二〇〇〇年には世界中の先進国で確固たる市場ポジションを確立していた。

しかし、新興国ではさっぱりであった。GEは中国での合弁パートナーの力を借りて、二〇〇〇年までに問題を突き止めた。先進国では、性能が最大の決め手であり、機能がそれに続く。しかし中国の場合、価格が何より重要であり、その次が可搬《ポータビリティ》性や操作性であった。

このように優先順位が異なるのは、中国の医療インフラと先進国のそれには、大きな開きがあるからだ。中国の人口の九割超が、農村部にある財力にも技術力にも乏しい病院や小さな診療所を利用していた（状況はいまも変わらない）。

これらの医療施設には、高性能の画像診断設備などない。それがある都市部の病院に行くにしても、特に病人にとっては大変である。したがって、患者を超音波診断装置のあるところに移動できない以上、超音波診断装置を患者のところまで持っていかなければならない。

既存の超音波診断装置は大型でかさばり、しかも高額で複雑だった。これを単に小さくしたり、機能を減らしたり、またカスタマイズしたところで、このニーズに対応するのは難しかった。常識をくつがえすような製品が必要だったのである。

二〇〇二年、ポータブル超音波診断装置の第一号が上市された。これは、一般的なノートPCに最新のソフトウェアを搭載したものである。価格は三万ドルに抑えられた。さらに二〇〇七年後半、ハイエンド機器の一五％足らずという一万五〇〇〇ドルの低価格モデルを発売した。むろん高性能ではないが、それでも農村部の診療所には大変喜ばれた。医師たちは、肝臓や胆のうの肥大、胃の異常といった単純な診断に、これを利用している。

ソフトウェア中心の設計だったことで、装置の調整も難しくなかった。たとえば、医師がどのように利用するのかを観察した後でも、インターフェースを簡単に改良することができた。現在中国では、このポータブルタイプがＧＥの超音波機器事業の成長を牽引している。

さらに喜ばしいことに、このイノベーションは、可搬性が欠かせない状況や狭い場所に利用するという新しい用途が見つかったことで、先進国でも爆発的に成長していることである。

事故現場では、心嚢液《しんのう》（心臓の周りにある嚢〈心膜腔〉に溜まったもの）を診断する際に使われる。救命救急室では、子宮外妊娠などの診断に使われる。また手術室では、麻酔医が針やカテーテルの挿入位置を確認する際に重宝されている。

ポータブル超音波診断装置は上市されて六年経つが、いまやＧＥのグローバル製品として二億七八〇〇万ドルの売上げを生み出し、世界同時不況前には年五〇～六〇％で伸びていた。いつの日か、あらゆる医師が、ポータブル超音波診断装置が内蔵されたＰＤＡ（携帯情報端末）を聴診器と一緒に持ち歩くようになるかもしれない。

ローカル・グロース・チームの五原則

この製品開発が成功したのは、「超音波事業ユニットが複数存在する」という変則的な組織体制のおかげである。

超音波事業の主要セグメントは三つあり、それぞれまったく性格が異なっているにもかかわらず、この事業を立ち上げた当初、ＧＥではグローカリゼーション・モデル、すなわち垂直統合されたグローバル組織をつくろうとしていた。

しかし、一九九五年に同事業の責任者として招聘されたオマー・イシュラク（二〇〇九年現在、GEヘルスケアシステム社長兼CEO）は、それぞれを業務統合してしまうと、最大公約数しか得られず、どのセグメントでも成功できないと考えた。そこで彼は、三種類の独立事業として運営し、それぞれに損益責任を負わせ、自分に直接報告することを義務づけた。

中国でポータブル超音波診断装置の開発が始まると、イシュラクは、この新規事業とハイエンド製品を中心とした既存の三ユニットとの間には共通点がほとんどないことに気づいた。そこで、彼は無錫《むしゃく》に四つ目の独立ユニットを立ち上げた。これが発展し、「ローカル・グロース・チーム」（LGT）が生まれた。LGTは、以下の五原則を基本としている。

❶成長が見込める地域に権限を移転する

自律的に行動できなければ、LGTは、グローバル事業に手足を縛られてしまい、新興国市場の顧客が抱えている問題に集中できない。つまり、独自の戦略、組織、製品を開発する権限が必要である。

イシュラクはこれを理解し、中国の超音波事業を率いる鄭《タン・ダイアナ》萍とJ・K・クーに大きな権限を与えた。これら二人のベテランマネジャーは、超音波事業に精通しているだけでなく、生体医工学と経営管理の専門知識の持ち主で、アジアでのキャリアも長い。

❷ゼロから新製品を開発する

先進国と新興国の間には、所得や社会インフラの格差、持続可能性に対する温度差が大きいことを考えると、リバース・イノベーションはゼロからの出発でなければならない。グローバル製品のカスタマイズでは、このような大きなギャップを埋めることはできない。ポータブル超音波診断装置は、これまでのR&Dの成果を多数取り入れているとはいえ、白紙の状態で開発された。

GEは一九九〇年代後半、イスラエルの製品開発センターで画期的な新アーキテクチャー、すなわち超音波診断装置の駆動部分をハードウェアからソフトウェアに置き換える実験に取り組んでいた。

このプロジェクトに関わった科学者やエンジニアは、カスタマイズしたハードウェアが詰まった箱の代わりに、超音波探触子《プローブ》（超音波を発生させ、対象物に反射した超音波を受信する仕組み）など特殊な周辺機器と最先端ソフトウェアを標準的な高性能PCに搭載することを目指していた。

とはいえ、ハイエンド製品の性能には及ばなかったため、当時のGEヘルスケア内では、このコンセプトに関心を寄せる者はほとんどいなかった。しかしイシュラクは、この新たなアーキテクチャーが新興国にもたらすであろう価値を見抜いた。彼は中国のLGTに、このコンセプトをもっと研究することを指示した。そして、ノートPCを用いたコンパクト超音波診断装置が完成し、中国市場で大成功を収めた。

❸新会社と同じく、ゼロからLGTを立ち上げる

ゼロから組織を設計して、初めてゼロからのイノベーションが生まれる。GEの「組織ソフトウェア」、すなわち採用、指示命令系統、職位、職務内容、職場内の人間関係のあり方、職能間のパワーバランスなど、すべてがグローカリゼーションを支えるために発展してきた。LGTでは、このソフトウェアを全面的に書き換えなければならない。

鄭とクーの二人は、製品開発から、調達、製造、マーケティング、営業、そしてサービスまで、バリューチェーン全体を管理するユニットを設置した。また、小型化や省電力化に詳しいエンジニアから、中国農村部の医療事情に明るい事業開発チームまで、必要とされる専門家のほとんどを現地採用で確保できた。

また、ハイエンド超音波診断装置を担当する事業ユニットの国内販売網ではなく、LGTはディーラーを使うことにした。なぜなら、広大かつ細分化された中国農村部や中小都市に、コスト効率よく営業する唯一の方法だったからである。

GEヘルスケアには、グローバル規模の顧客サポートや部品交換サービスを担当する組織もあるが、これに頼らず、迅速かつ低コストでサービスを提供できるチームを国内に設置した。

❹独自の目的、目標、評価基準を設定する

イノベーション活動は、そもそも先が読めない。したがって、あらかじめ設定された目標値を達成することより、仮説を効率的に検証して素早く学習することが重要である。LGTの評価基準や価値基準――成功を左右する未知数を判断する基準となる――は、既存事業のそれとはたいてい異なる。

超音波診断装置のLGTは、農村部の医師が都市部の医師に比べ、超音波技術について無知であることは承知していた。しかし、農村部の医師がこの技術をどれくらい使ったことがあるのか、どのような機能を必要としているのかまでは知らなかった。そこで、医師がこの装置にどのように反応するのか、導入する際の障害は何かについて、まず調査することにした。

とりわけ初期症状を診断する段階では、彼らの予想以上に、使い勝手が重要であることが判明した。これに対応すべく、この新規事業では、医師への研修を重視し、オンライン説明書を用意し、よりシンプルなキーボードを設計し、一部のタスクはワンタッチで処理できるようにし、これらがうまくいったかどうかを測定するために顧客満足度を追跡した。

イシュラクは、中国のLGT用の業績評価指標を慎重に導入した。中国では、たとえば新製品を発売する際の政府認可手続きがそれほど煩雑ではないため、製品開発サイクルは先進国よりもかなり短く設定した。

また、地域サービス組織の規模がGEヘルスケア内のグローバル基準を超えることを許可した。中国

では、給与水準は低く、しかもサービスへの要求が多い。そのため、販売台数以上の数のスタッフを配置することが理にかなっていた。

❺経営陣はLGTを直属に置く

LGTは、経営陣の強力な支援がなければ成功しない。また、LGTを監督するビジネスリーダーには、大切な役割が三つある。

・LGTとグローバル事業の対立を仲裁する。
・LGTがグローバルR&Dセンターなどの経営資源を使えるようにする。
・LGTが開発したイノベーションを先進国に導入する際、その支援に回る。

これらすべてをこなせるのは、グローバル事業ユニットのシニアマネジャーもしくはその事業の統括責任者しかいない。

中国のLGTは、また規模が小さかった頃でも、イシュラクに直接報告していた。なぜなら、コンパクト超音波診断装置のプロジェクトが発足した当時、GEヘルスケアには先進国向けの野心的な製品を開発する計画があり、イシュラクの後ろ盾がなければ、LGTのエンジニアたちはすぐにでも他のプロジェクトに回されかねない状況だったからである。

そこで彼は、ＬＧＴの経営資源を守るだけでなく、てこ入れを図った。二〇〇七年までにＬＧＴエンジニアの数は一三人から七〇人に増え、メンバーも総勢一三二人から三三九人に拡大した。

またイシュラクは、ＬＧＴが必要な専門知識を社内の他ユニットから得られるよう、個人的に尽力し、社内で一目置かれている三人の開発エンジニアを、イスラエル、日本、韓国から呼び寄せた。彼らはこのプロジェクトに専従し、何かあれば各国のＲ＆Ｄセンターの支援を仰いだ。

また中国のＬＧＴを、ＧＥ内の「超音波カウンシル」に参加させた。これは、超音波事業を担当するビジネスリーダーたちと市場や技術の専門家たちのグループで、二日間の会議を年三回開いている。この会議の場で、参加メンバーたちはその知識や洞察を共有し、今後の重点プロジェクトを決定する。この超音波カウンシルのおかげで、さまざまな知識と技術が中国に移植された。

イシュラクは、ポータブル超音波診断装置のグローバル市場を創造するうえで、決定的な役割を果たした。先進国ではどのような使い方が考えられるのか、その答えを見つけ、かつハイエンド製品を販売している既存の三ユニットがこのチャンスに取り組むようにも配慮した。

＊　＊　＊

中国とインドには、現在ＬＧＴが一〇以上ある。厳しい世界同時不況の中、ＧＥの中国事業は二〇〇九年、二五％成長する見通しである。これはＬＧＴに負うところが大きい。

しかし、勝利宣言するには時期尚早である。その進捗は、チームによってまちまちだからだ。医療、発電および配電など、しかとビジネスチャンスをつかまえて成長している事業もあれば、まだ道半ばという事業もある。

中国とインドのR＆Dセンターは、新興国が抱える問題により注目するようになったとはいえ、その経営資源の大部分は、いまだ先進国向けのプロジェクトに使われている。つまり、道程はまだ長い。

GEの経営陣が、新興国での取り組みを定期的にチェックし、守ってやること、またLGTが経営資源を確保できるように取り計らうことがまだ必要である。そして、人事異動、組織構造、プロセスがどのように機能するのか、これを見極める実験も必要である。

いま、最大の実験が始まろうとしている。GEは、インドでの成長を加速させるために、インド国内の全事業を統合し、インドだけの損益計算書を作成し、また全世界のGEにおけるR＆Dの経営資源を利用できるよう、この新しい組織に大きな裁量を与えることに取り組んでいる。

このユニットは、副会長直属のシニアアドバイスプレジデントが統括する予定である。「まず製品、次に地域」という業績評価基準に慣れ親しんできた組織の中で、このユニットは異質な存在である。それでも、これに挑戦し、新市場を創造できるのかを見届けるつもりである。そのためにGEは、異なる幹をどのように育てるのかを学ばなければならない。

インドだけの損益計算書を作成することへの抵抗は、GEにとって最大の挑戦であることを物語っている。多くのマネジャーが、グローカリゼーションを加速させることにこれまでのキャリアを費やしてきた。これらの人たちのマインドセットを変えるのは一筋縄ではいかない。模範的な社員でさえ、先進国偏重の傾向が見られる。

最近イメルトから、こんな話を聞いた。こうしたマネジャーの一人――インドと中国でうまくいっている主力事業の責任者――はいまだに、自分のコントロールが及ばない米国国内の問題のことばかり考えているようで、イメルトは彼にこう伝えた。

「米国の成長計画について、あなたと話し合うつもりはありません。今後三年間で、インド事業の規模を三倍にしなければなりません。経営資源や人材、製品を、この地域にもっと投入しなければいけません。そのためには、上澄みをすくうのではなく、市場を深耕する必要があります。その方法を見つけましょう」

これが経営者たる者の考え方である。

【注】

（1）Christopher A. Bartlett and Sumantra Ghoshal, *Managing Across Borders: The Transnational Solution*, Harvard Business School Press, 1989.（邦訳『地球市場時代の企業戦略』日本経済新聞社、一九九〇年）を参照。

（2）Pankaj Ghemawat, *Redefining Global Strategy: Crossing Borders in a World Where Differences Still Matter*, Harvard Business School Press, 2007.（邦訳『コークの味は国ごとに違うべきか』文藝春秋、二〇〇九年）を参照。

第8章

イノベーションの罠

ハーバード・ビジネス・スクール 教授
ロザベス・モス・カンター

“Innovation : The Classic Traps”
Harvard Business Review, November 2006.
邦訳「イノベーションの罠」
『DIAMONDハーバード・ビジネス・レビュー』2007年8月号

ロザベス・モス・カンター
(Rosabeth Moss Kanter)
ハーバード・ビジネス・スクールのアーネスト L. アーバックル記念講座教授。専攻は経営管理論。1989 年から1992 年まで『ハーバード・ビジネス・レビュー』誌編集長を務めた。

イノベーション、その四つのうねり

企業の最優先課題として、イノベーションが再び脚光を浴びている。イノベーションはけっして一過性の流行ではなく、流行りすたりを繰り返しながら、経営者の平均在任期間とほぼ同じく六年ごとに、企業の成長要因として注目される。

しかし、「これからはイノベーションである」などと華々しく打ち上げておきながら、その後の施策が凡庸なために、尻すぼみに終わるケースがあまりに多い。その挙げ句、ひとたびコスト削減に傾くと、イノベーションチームは人知れず解散となる。経営者が交代するたびに、新たなイノベーション志向が掲げられるが、やがてイノベーションの阻害要因という、古くて新しい難問に突き当たる。

過去二五年間にわたり、私は研究の傍ら、さまざまな企業に助言してきたが、その間、企業競争力の真価を問う、少なくとも四つの大きなうねりがイノベーションブームを巻き起こしてきた。

第一のうねりは、一九七〇年代末から八〇年代初頭にかけて世界的に起こった、情報化時代の幕開けである。それは、新たな産業が誕生する一方、既存の産業が崩壊の危機に見舞われた時代だった。ベンチャー企業や海外の競合企業が、既存企業のお家芸を脅かしたのである。

ＩＴが鈍重なメインフレームから、一般消費者向けのデスクトップ製品へと進化を始め、小さなガレージから出発したアップルなどの企業が、シリコンバレーを米国のイノベーション基地へと変えた。Ｉ

ＢＭはアップルのやり方を真似、社内の煩雑な制約を避けるため、フロリダ州ボカラトンにある薄汚れた施設でＰＣを開発した。

また、ソニーのウォークマンやトヨタ自動車の乗用車など、品質に優れた日本製品は、その製品設計のみならず、その製造プロセスもイノベーションであった。

ひるがえってこの新たな脅威は、日本企業以上のスピードで新しいアイデアを創出する仕組みを構築することを、米国大企業に迫るものだった。こうして「ＴＱＭ」（総合的品質管理）への取り組みが始まった。

第二のうねりは、一九八〇年代末、Ｍ＆Ａブームによる事業再編圧力である。企業資産が十分活用されていないと見るや、それを解き放とうともくろむ買収グループが、「株主価値」という御旗の下、伝統的企業を攻撃した。欧州では国営企業が民営化され、資本市場の圧力にさらされるようになったことで事業再編が進んだ。

一方、イノベーション活動を支える重要な要素として、ソフトウェアが徐々に脚光を浴び始める。そしてＩＴの戦略的価値が喧伝されるようになり、アメリカン航空の自動予約システム「ＳＡＢＲＥ《セーバー》」は独立事業として成功を収め、プロセスイノベーションの手本としてあちこちで紹介された。

マイクロソフトのような巨大企業の台頭を許さず、おのれのアイデアと発明の対価を確実に懐に入れたいと望む企業は、次々に新規事業を立ち上げた。また、レバレッジド・バイアウト（ＬＢＯ：被買収企業の資産を担保に調達した資金でその企業を買収すること）や、マネジメント・バイアウト（ＭＢＯ：経営陣による自社買収）、デリバティブ（派生金融商品）などの金融工学、銀行をほぼすべての金融業態と融合させる金融スーパーマーケットなど、一連の金融イノベーションが一大ブームを巻き起こした。

さらにグローバル製品が、この事業再編の時代の寵児となった。たとえばジレットは、一九八〇年代末に敵対的買収にさらされるが、これをどうにか阻止し、一九九五年、世界共通規格のひげそり、センサー・エクセルを、大胆にも世界共通の宣伝コピーによって発売して大成功を収めた。

第三のうねりは、一九九〇年代のデジタルブームの時代である。この時期、WWWの将来性と脅威の前に、多くの既存企業が革命的なビジネスモデルを追い求めるようになる。これらブリック・アンド・モルタル企業は存亡の危機に瀕し、その多くが先を競ってウェブ事業を立ち上げた。

しかし、それらの大半がコア事業との関連性に乏しく、なかにはコア事業とカニバリゼーション（共食い）を起こすものが少なからずあった。

また、多くの企業が顧客よりも資本市場に目を向け、将来の収益性が期待されれば、いまは売上げや利益がない企業でも大規模な資金を調達できるようになる。二〇〇〇年、アメリカ・オンライン（AOL）がタイムワーナーを買収してAOLタイムワーナーとなったが（二〇〇二年、元に戻されている）、イノベーションの創出どころか、価値の破壊へと向かっていった。

第四の、すなわち現在のイノベーションのうねりは、ドットコムバブルの崩壊と世界的な景気後退から、一転して冷めた風潮の中で始まった。つまり、買収の限界を認識し、ITに踊らされることを危惧し始めた企業が、再び有機的成長（買収に頼らない内部成長）に軸足を移したのである。

ゼネラル・エレクトリック（GE）やIBMなど、生き永らえた巨大企業は、全社的課題としてイノベーションに取り組むようになった。たとえばGEは、買収に頼らずに二桁成長を果たすことを公約している。

一方、IBMは、難しい社会問題に取り組むことで、自社が提供するITソリューションが必要とされ、しかもベストプラクティスを目指し、イノベーションを模索している。その好例が「ワールド・コミュニティ・グリッド」である。

IBMが開始したこの非営利事業では、数多のクライアント企業に眠っているコンピュータの空き容量を結集して破格の規模のデータ処理能力を確保し、エイズ研究者をはじめとする科学者たちに提供している。

現在のうねりでは、新たに芽生えつつあるニーズに応える特徴と機能を兼ね備えた新製品を開発することに主眼が置かれている。ほかに心を奪われていた企業が一時棚上げしていた顧客と消費者市場が、再び舞台の主役に返り咲いたといえよう。

企業が探し求めているのは、既存の事業領域を一変させるような一大新規事業ではなく、むしろ既存事業を強化してくれるものである。したがって、この時代を代表するイノベーションといえば、アップルのiPodであり、プロクター・アンド・ギャンブル（P&G）の床用掃除モップ、スイッファーなのだ。

このうねりの中で、新たな発想がもたらされた。たとえば、「既存企業であってもR&Dをアウトソーシングしたり、ベンチャー企業から学んだりすることができる」「新製品開発に当たって、消費財メーカーが社内のR&D部門だけでなく、社外の企画開発会社の知恵を拝借してもかまわない」という考え方が市民権を得た。そこには、複雑なライセンス契約が付き物であるバイオテクノロジーの台頭が一役買った。

もちろん、経済と地政学的な情勢の変化に応じて、イノベーション開発は変わってくる。これも言うまでもなく、イノベーションの対象は、技術、製品、プロセスから新規事業全体まで広範囲に及び、それぞれに求められる要件は千差万別である。

しかし、いかに環境が変化し、イノベーションの種類が異なろうとも、これまでのイノベーション熱を振り返る限り、いつも同じジレンマに直面してきた。すなわち、目先の成功に欠かせない既存事業からの売上げと、将来の成功に欠かせない新コンセプトの開発を両立させるのは難しいということである。しかも、重要なイノベーションはえてして異なる業界で生まれ、既存企業にはどうにもならないことが多い。この相も変わらぬ現実が両者の溝をさらに深める一方、次代を牽引するコンセプトをいち早く見出そうと、企業をますます駆り立てる。以上、イノベーションのジレンマについて、さまざまな知見が生まれてきた背景には、このような理由があったのだ。

トム・ピーターズとロバート・ウォーターマンが著した『エクセレント・カンパニー』(注1)、拙著『ザ・チェンジ・マスターズ』(注2)、ギフォード・ピンチョーの『企業内起業家』(注3)は、イノベーションを起こしうる人々を官僚的な制約から解放し、アイデアの実現を支援することの重要性を指摘したものである。いずれも一九八〇年代におけるイノベーションのうねりを正当化する内容だった。

これらに続いて、既存事業を活用しつつ、同時に新規事業を探索することの難しさを実証する研究が数多く生まれた。たとえば、ハーバード・ビジネス・スクール教授のマイケル・タッシュマンとスタンフォード経営大学院教授のチャールズ・オライリーは、共著 *Winning Through Innovation*(注4) の中で、「双面型組織」(注5)を増やすべきと訴えた。

また、拙著『巨大企業は復活できるか』(注6)は、強大な力を誇る社内のコア部門とイノベーションチームの間に生じる緊張関係をどのように管理するかについて論じたものである。

さらに新しい研究成果として、ハーバード・ビジネス・スクール教授のクレイトン・クリステンセンは『イノベーションのジレンマ』(注7)の中で、既存顧客の意見に耳を傾けていると、かえってブレークスルーイノベーションを阻害しかねないと指摘した。

しかし、これほど多くの研究や文献があるにもかかわらず、経営者たちは、かつてイノベーションを骨抜きにした弱気や無知のままである。「さらなるイノベーションを」と言い放った経営者がその舌の根も乾かぬうちに、「前例はあるのか」と尋ねてくる。また、新しいアイデアを探し求めていると言いながら、提案される新しいアイデアを一つ残らず却下してしまう。

こうして、悪しき前例の轍を踏む。たとえば、現代企業が直面するジレンマは、一九八三年にハーバード・ビジネス・スクール教授のマルコム・ソールターらが『ハーバード・ビジネス・レビュー』誌に寄稿した「コーポレート・ベンチャー・キャピタルのジレンマ」(注8)の中で、企業の無頓着さを警告したジレンマと何ら違いはない。すなわち、インテルやロイターなど特筆すべき一部の例外を除けば、新規事業部門はコア事業に貢献することはほとんどないのだ。

過去の記憶が薄れていくのは避けられない。しかし、過去の教訓を忘れてしまうことは避けられる。本稿は、イノベーションの罠に関する知識とその忘却を回避する方法について整理したものである。

戦略面の過ち：高すぎるハードルと狭すぎる視野

高価格と高マージンに釣られた経営者は、大ヒットをもたらすイノベーション、すなわち未来のiPodやバイアグラ、あるいは未来のトヨタ生産方式を探し求める。その過程において膨大な経営資源が投入されるが、そもそも大ヒットとはめったに当たらず、しかも予測不可能なものである。その間、キラーテクノロジーを追い求めるあまり、一見すると小粒のチャンスをなおざりにしてしまう。また、大型プロジェクトの蚊帳の外に置かれた社員たちが、自分たちは軽んじられていると考えてしまうかもしれない。

一般的な大手消費財メーカーは長年にわたって、二年以内に数億ドル規模の売上高に到達できないアイデアは却下し続けてきた。このような選別方式のせいで、既存路線と大差ない、およそイノベーティブとは言いがたいアイデアが優先され、昔ながらの市場調査や測定方法に馴染まないアイデアや、経験則から外れるアイデアへの投資は控えられてきた。

一九八〇年代と九〇年代、ハーゲンダッツで有名なピルズベリー、シリアルやオートミールのクエーカー・オーツ、さらには、現代のイノベーター企業の一角を占めるP&Gに至るまで、大手消費財メーカーは、新製品を素早く開発・販売できる小企業からの攻勢にほとんど無防備だった。その結果、市場シェアが侵食されていった。

たとえば、新型トイレ洗剤でライバルの後塵を拝したP&Gだったが、悔しいことに、研究所ではすでに同様の技術開発が完了していた。先陣を切ったライバルが、支配的な市場シェアを獲得したのは言うまでもない。同様に、ピルズベリーとクエーカー・オーツも新コンセプト製品の発売競争に後れを取り、ついには業績不振に陥り、前者は二〇〇〇年にゼネラルミルズに、後者は二〇〇一年にペプシコに買収されてしまった。

タイムワーナーの雑誌部門、タイム・インクは長年、新雑誌の企画で後れを取っていた。というのも、それがどのような雑誌であろうと、創刊に当たって、同社の伝説的な成功例である『ピープル』誌や『スポーツ・イラストレーテッド』誌並みの成長を、経営陣が要求したためである。一九九二年にドン・ローガンがCEOに就任するまで、雑誌の創刊は皆無に等しかった。彼が新たなイノベーション戦略をタイムに持ち込んでからというもの、同社が企画または買収した雑誌は約一〇〇誌を数え、その結果、同社の売上高、キャッシュフロー、利益がいずれも劇的に改善した。

すべての新雑誌が大ヒットしたわけではない。しかし、同社はイノベーター企業に共通する教訓を学んでいた。つまり、「より多くの成功を望むならば、より多くの失敗に身をさらす覚悟が必要」なのである。

これと似た過ちが、製品至上主義とでも呼ぶべき行動に流れてしまうケースである。しかし実際には、改革の起爆剤となるようなアイデアは、えてして生産やマーケティングなどの職能分野で生まれやすい。ある繊維メーカーの例を挙げよう。同社は手の込んだ織布を製造しているが、製造中に織糸が切れてしまうという問題にずっと悩んでいた。それが製品コストにはね返り、競争の上での弱点になっていた。

ところがこのことを知ってか知らずか、経営陣は未知の新素材など、画期的な製品イノベーションのことばかり議論し続けていた。

このメーカーに新たに加わったのが、イノベーションには全社員からの提案が不可欠であるという考えの執行役員だった。変革について議論する会議の終了後、叩き上げのベテラン工員――移民の出身で、いまだになまりが強い――がこの新役員におずおずと近づき、糸切れをなくすアイデアを語った。

半信半疑でこれを試してみたところ、効果てき面だった。くだんの新役員に「このアイデアをいったいどれくらい温めていたのですか」と尋ねられると、その工員はこう答えた。「三二年間です」

一九九〇年代、クエーカー・オーツの経営陣は、製法の小手先の変更を加えることばかり考えており、物流などの他分野に埋もれていた膨大なチャンスを見逃していた。たとえば、同社が買収したスナップルという飲料には、小規模ながら健康志向という人たちにアクセスできる可能性があったにもかかわらず、まったく利用されなかった。

一方、オーシャン・スプレー・クランベリーズが、P&Gやコカ・コーラなど、当時の国内屈指の飲料メーカーを出し抜き、米国市場におけるテトラパック製紙ボトルの独占使用権を一年半にわたり獲得するという快挙を成し遂げた。オーシャン・スプレーはイノベーション戦略に優れており、たとえば、あらゆる分野のイノベーションを探索するため、社員なら誰でも参加できるアイデアフォーラムを開催していた。紙ボトルは子どもたちと、子どもたちに弁当を用意する親の間でたちまちヒットし、オーシャン・スプレーの市場シェアは急上昇した。

米国自動車業界ではその草創期に、金融サービスの一大イノベーションが生まれた。つまり、リテール金融の力を借りて、自動車の大量消費市場を開拓することに成功したのである。自動車はそれまで富裕層しか購入できなかったことを思い出してほしい。

また、インテルはマーケティングでブレークスルーを実現した。それは、コンピュータチップを、ポテトチップのように扱ったことである。インテルはハイテク企業であるため、イノベーションをR&D部門に任せ切りにしてもよかった。しかし、同社はあえて消費者に売り込み、コンピュータメーカーへの影響力を拡大させた。その結果、コンピュータメーカーは「インテル・インサイド」と書かれたラベルを、すべてのコンピュータに貼らざるをえなくなった。

メキシコに本社を置く世界的なセメント企業、セメックスは、放っておけばコモディティ化してしまう製品に何らかの付加価値を与えるイノベーションを求めて、ブレインストーミングを活用している。セメントの袋にブランド名をつけたことも、技術を駆使してセメントをピザのように最短時間で顧客に届ける配送方式を導入したことも、すべてブレインストーミングの賜物である。

またP&Gは、スイッファーやクレスト・ホワイトストリップスなど、製品イノベーションで注目されている企業である。しかしその一方で、自社提供のテレビドラマ用に双方向ウェブサイトを開設するなど、ニューメディア分野でのイノベーションにも取り組んでいる。同社の将来には、こちらの価値のほうが大きくなるかもしれない。

製品第一主義と厳しいノルマが度を越すと、もう一つ別の問題が生じる。つまり、このような組織では、せっかくのイノベーションのエネルギーも、くだらないプロジェクトに浪費されかねないのだ。それは、目先の売上げを追いかけるためのものであり、さまざまな部門を巻き込む割には、どこかで聞いたことのあるような中身だったりする。

あいにく、こうしたプロジェクトは長期的にはコスト増を招く。小さな成功を奨励することを怠ると、機会コストを被るおそれもある。くだらないプロジェクトにあれこれ投資しても、石ころだらけの地面に種をまくようなものだ。要するに、芽は出るかもしれないが、しっかり根付いて、花を咲かせたり、果実を実らせるまでには成長しない。

画期的なイノベーションと呼ぶことのできない、せいぜい製品にささやかな変更を施すだけのアイデアは、製品を増殖させるだけである。その結果、ブランド価値が希薄化したり、顧客を混乱させたり、社内プロセスの複雑性を増したりするおそれがある。クラフト・フーズは現在、スナック食品のまったくの新商品ではなく、大きさと風味を変えただけのものを十数種類も販売しているという問題を抱えているが、これはその典型的な例だろう。

プロセス面の過ち：厳しすぎる管理

第二の過ちは、プロセスの中に潜んでいる。具体的には、既存事業と同じ計画立案、予算編成、業績評価という厳しい管理を通じて、イノベーションを縛ろうとする。しかし、イノベーションプロセスはそもそも不確実なものであり、脱線したり、後戻りしたりと、想定外の事態は避けがたい。

新興企業のオーシャン・スプレーは米国の大手飲料メーカーから、紙製ボトルを使うチャンスを奪ったが、それは、その事業年度の資金配分をすでに終えていた大企業の側に、年度計画にはない契約を結ぶには、経営会議でパッケージング戦略について検討しなければならないという事情があったからである。

アライドシグナル（現ハネウェル・インターナショナル）は二〇〇〇年当時、通常の戦略立案プロセスと予算編成プロセスの範囲内で、インターネットを活用した新しい製品やサービスを開発できないものか、既存の事業部門に打診していた。CEOは各事業部門に対して、インターネット関連のイノベーションを生み出すアイデアを、四半期ごとに開かれる予算審議の場で提案するように指示した。

これらのイノベーションプロジェクトは優先案件に指定されたものの、その業績評価基準は既存事業のそれと同じだった。また、追加資金がいっさい予算に盛り込まれていなかったため、イノベーションに取り組むマネジャーたちは、節約や社内流用によって、みずから資金源を見つけ出さなければならなかった。結局、持ち寄られたアイデアは、どのみち開発されたはずのアイデアに、少々手を加えた程度のものがほとんどだった。

業績評価とその基準は、イノベーションにおける「危険地帯」の一つである。伝統的な企業の経営陣は、プロジェクト計画を立てるだけでは飽き足らず、その計画を遵守するよう、マネジャーたちに要求する。たいていの場合、約束をみごと果たした社員には報奨が与えられるが、その結果、他の社員たちは臨機応変な変更に消極的になってしまう。ある防衛関連企業の例を見てみよう。その企業では、自分が約束した業績目標に届かなかった社員は、たとえそれを償って余りある別の成果を上げようとも低く評価されていた。それゆえ、社員たちは業績目標の水準を引き下げるようになり、結局、社員のやる気は低下し、イノベーションとは無縁の組織になってしまった。

一九九〇年代初頭、バンク・オブ・ボストン（現在はバンク・オブ・アメリカ傘下）が、ファースト・コミュニティ銀行（ＦＣＢ）という名前の新規事業部門を創設した。これは、都心部に特化し、包括的な銀行業務を展開するという初めての試みだった。何よりもまず顧客教育から始めなければならない市場であるうえに、まだ投資が必要な新規事業でもあり、顧客一人当たりの取引時間や収益性など、通常の業績評価指標はふさわしくない。この点についてリテール部門のマネジャーたちにわかってもらおうと、ＦＣＢの面々は説得に努めた。

ところが、マネジャーたちは「業績不振の支店は閉鎖すべし」と主張した。このイノベーションを軌道に乗せるため、ＦＣＢの上層部は、顧客満足度と顧客ロイヤルティに基づく独自の業績評価指標を考え出さなければならなかった。また、複数の支店を集約した業績を報告するために、新しい方法を工夫することも求められた。

親会社のバンク・オブ・ボストンから、収益性と重要性を兼ね備えた事業であることが認められるようになったのは、のちにＦＣＢが一連の買収に乗り出してからのことである。

組織面の過ち：弱すぎる連携と強すぎる組織の壁

生まれたばかりの新規事業に、既存事業と同じプロセスを当てはめるのは危険だが、加えて、企業文化や相反する重要課題との衝突を避けるには、これら新旧事業体の組織構造にも配慮しなければならない。より劇的な効果を求めるならば、コア部門とは別に新規部門を創設することになるが、その場合でも、新規部門はその所属部門への貢献が要求されがちである。ゼネラルモーターズ（GM）がサターン・コーポレーションを独立子会社として創設した時、その背後にはこれと同じ理屈が存在していた。

この子会社は、GMのルールを一時的に免除され、自動車の設計、生産、マーケティング、営業、顧客サービスのあらゆる面でイノベーションを実現することが期待された。そこで生まれた素晴らしいアイデアを、親会社が取り入れるという算段だった。ところが、無事新車発売に漕ぎ着けたサターンはGMに再統合されてしまい、その結果、イノベーションの多くが雲散霧消してしまった。

サターンが軌道に乗るまでの間、ゼロから立ち上げるサターン型プロジェクトよりも継続的改善を好むトヨタは、品質、顧客満足度、市場シェアの成長率で、依然としてGMを凌駕していた。

サターンのケースと同様に、米国のチャータースクールは、親と教員、地域団体など州や学区の認可を受けて設けられた初等中等学校だが、教育にイノベーションを起こし、新たなモデルになることが期待され、公立学校制度上の諸規制を免除された。こうして、授業時間の延長、集中的な教科編成など、数々のイノベーティブな施策を導入した。しかし、学区内の他の学校の改革に波及効果があったかという点になると、確たる証拠はほとんどない。

いずれのケースも、新規部門と既存部門の連携がお粗末だったことに原因があった。事実、縦割り組織の場合、イノベーションのチャンスがめぐってきても、これを逸しやすい。事業の姿を一変させてしまうイノベーションは、既存の販売チャネルをまたぐものや、さまざまな既存能力を新たな形で結合させたものが多い。

CBSは世界最大の放送局であり、また世界最大のレコード会社を傘下に収めていた。にもかかわらず、CBSはミュージックビデオを考え出すことができず、MTVに先を越されてしまった。また、一九九〇年代末のジレットは、オーラルBの歯ブラシ部門、ブラウンの電化製品部門、デュラセルの電池部門を擁していたにもかかわらず、電池式電動歯ブラシの開発に後れを取ってしまった。

他業界の専門知識や他の技術的知識が使われているイノベーションの場合、見逃されたり、潰されたりする可能性が高くなる。なぜなら、既存部門のマネジャーたちがその新しいアイデアの本質を理解できないばかりか、そのアイデアに脅威を感じてしまうからである。

一九九〇年代半ば、老舗の長距離電話会社の傘下でインターネット接続事業を担っていたAT&Tワールドネットは、これら二つの問題を足し合わせた致命的状況に直面した。個人向けサービス部門と法人向けサービス部門のマネジャーたちが、AT&Tワールドネットをめぐって、独立した事業部として損益管理すべきか、それとも主に個人向け事業に特化して既存事業部に組み込むべきか、議論を戦わせていたのである。

個人向けサービス部門のマネジャーたちは、それが何であれ、手放すことに抵抗してきたが、今回は最終的に分離に合意した。その目的は、この発展途上の新規事業が官僚主義で潰されるのを防ぐことであり、もはや新規投資を必要とせず、多額のキャッシュフローを生み出している成熟事業と比較されないようにすることにあった。

インターネットサービスプロバイダー（ISP）の売上高や収益性は大して伸びないはずと、高をくくっていた経営陣の関心はさほど高くなかった。ところが、事業に弾みがつき始めると、一転してAT&Tワールドネットに注目が集まるようになった。そのため個人向けサービス部門の社員たちは、このイノベーションがさらに発展してVoIP《ボイップ》サービスを提供するようになれば、既存事業とカニバリゼーションを起こしかねないと危惧し始めた。(注9)

そこで、同部門はワールドネットを傘下に引き入れ、兵糧攻めを始めた。つまり、ワールドネットを、コア事業である固定長距離電話サービスを提供するためのプラットフォームとして利用し、しかも個人向け長距離電話事業と同じ業績評価指標によって評価し始めたのである。

その際、緊急課題となったのがプライシングだった。成長を促し、大量の加入者がもたらす規模の経済とネットワーク効果を実現するため、ワールドネットのサービスは低価格で設定されていた。しかし既存の事業部門では、例外なく損失を許されなかった。ここに組み込まれてしまった結果、価格は引き上げられ、ワールドネットの成長は止まってしまった。

これで、個人向けサービス部門のマネジャーは、ワールドネットを大規模投資に値しない、取るに足らない低成長事業と見なすようになった。こうして、インターネット接続とVoIPへの技術開発に経営資源は十分配分されず、その結果、AT&Tが先陣を切れたかもしれない重要な通信イノベーションを封じ込めてしまった。

AT&Tの場合、文化的衝突が対立に拍車をかけた。既存部門のマネジャーたちは、ベル・システム体制（地域電話会社八社とベル研究所）の下で長年勤務してきた社員たちだった。一方、ワールドネットのマネジャーたちは皆、中途採用で、電話用語ではなくコンピュータ用語を駆使する専門技術者だったのである。

既存事業の一環として新規事業を立ち上げたとしても、新たなやりがいに没頭する層と屋台骨を一身に背負わされる層といった具合に、一つの組織に二種類の集団が生まれると、文化的衝突に発展してしまう。R&D部門だろうが、新規事業部門だろうが、イノベーションの推進責任者に任じられた社員たちは未来の創造者と見なされる。彼ら彼女らはルールやノルマに縛られることなく、ああでもないこうでもないとアイデアをもてあそんでいればよい。かたや、同僚たちは身を削る思いで、そして時にはもうすぐ時代遅れになるビジネスモデルを抱えた恐竜的存在と言われながら、これまでのルールを守り、ノルマを達成し、利益を上げることが求められる。

アロー・エレクトロニクス傘下の新しいインターネット事業、アロー・ドットコムが、既存部門の営業部門と同じビルで業務を開始したのは二〇〇〇年初頭のことだった。同じ場所で働いていること以外、両者に共通点はなかった。

アロー・ドットコムのメンバーは異分野から採用した新参者ばかりで、しかも若者が多く、服装のスタイルもまったく異なっていた。アロー・ドットコムは金をかけてデザイナーズ家具を購入し、新しいキッチンにも大金が投じられた。この豪華キッチンは、自分たちは週七日、一日二四時間体制で働いているからという理由で正当化されたという噂があった。インターネット経由の売上げが、自分たちの手数料を脅かしかねないという不安を感じていた営業スタッフたちは、ここに至って自分たちの事務所のみすぼらしさに気づき、あからさまに反旗をひるがえした。

両者間の関係が一触即発の状態になったことから、双方を分断するためのレンガ壁がビル内に築かれた。双方、争いに無駄な時間を費やし、同じ顧客を奪い合い——アロー・ドットコムも結局は新たな販売チャネルでしかない——顧客とのリレーションシップまで危うくなった。結局、CEOが事態の収拾に乗り出し、両者間の連携を図れるような組織構造に再編しなければならなかった。

スキル面の過ち：弱すぎるリーダーシップとつたないコミュニケーション

もう一つ、イノベーション活動における人間的側面を過小評価し、それゆえ過小投資に陥りやすいという過ちがある。

経営陣は、プロジェクトリーダーに向いている人材ではなく、えてして、最高の技術者にイノベーションを任せてしまう。ところが、このような技術志向が強いマネジャーは、アイデアが何かの役に立つかどうかなど自明の理であると思い込み、外部とのコミュニケーションを怠りがちである。

また、チームの結束こそ、まだ生煮えのコンセプトを有用なイノベーションに進化させるうえで不可欠であるにもかかわらず、任務を優先するあまり、チーム内の結束を固めるチャンスを見逃してしまうこともある。対人関係力を無視して結成されたプロジェクトチームでは、チーム全体の目標を設定することも、多彩なメンバーのさまざまな強みを活用することもままならない。また、このようなチームの場合、イノベーション活動にいそしむ傍ら、まだ漠としており、文書化するのが難しい暗黙知を共有するためのコミュニケーションも容易ではない。

素晴らしいアイデアが触発されるような信頼関係や相互作用を、メンバー間に築き上げるには、それなりに時間がかかるものである。マサチューセッツ工科大学の研究者たちの調査によれば、R&Dチームの生産性を最大限に発揮させるには、少なくとも二年間は一緒に職場で働く必要があるという。ピルズベリーでは、新製品のアイデアが製品化するまでに、平均二年から二年二カ月かかることが判明した。ところが、社員が製品開発チームに在籍する期間は、平均一年半だった。同社がイノベーションで後れを取っていたのも、当然といえば当然である。

頻繁なローテーションのせいで新規事業のメンバーが何度も交代し、その結果、難しい課題に対処しづらくなり、結局、お手軽で、従来と大差ない解決策に甘んじてしまうこともある。一九八〇年代のハネウェルでは、新規事業チームの責任者を、任期満了を待たずに異動・昇進させることがよくあった。昇進は、応じるか拒むかの二者択一であるうえ、任務の難易度ではなく、任された資産の規模（新規事業は基本的に与えられる資産が小さい）に報酬が連動する仕組みだった。したがって、プロジェクトの途中で異動したほうが得であることは、献身的にイノベーションに取り組んでいる社員の目にも明らかだった。

要するに、ハネウェルは自社のイノベーション活動を、みずからの手で骨抜きにしていたことになる。この問題は、なぜ新規事業が失敗したのか、経営陣に報告する段になって初めて明るみに出た。しかし、技術偏重主義が災いし、当時の保守的なマネジャーたちが、チームワークやチームの継続性の価値に関する認識を改めるには至らなかった。

イノベーションチームが外部とのコミュニケーションや人間関係をなおざりにしてしまうと、活動が行き詰まってしまう。一九九〇年代末、業績不振に苦しんでいたGAPは、製品ライン、店舗販売のコンセプト、業務運営において、何かイノベーションを生み出そうとして複数の部門横断プロジェクトを立ち上げた。

プロジェクトチームの中には、早々にタコツボ化してしまったところがあった。そのようなチームは、メンバーたちが前の職場と交流を断ってしまったために外部のアイデアを活用できなくなり、その提案に精彩を欠いていた。しかも、情報共有を怠ったため、もともと説得力が乏しい提案に賛同を取り付けるチャンスまで逃してしまった。

自分たちのアイデアを広めたければ、イノベーションの推進責任者は社内で孤立することを是が非でも避けなければならない。なぜなら、プロジェクトに援護射撃し、自分たちが出席していない会議では弁護に回り、普及や利用という次の段階では、生まれたてのイノベーションを支援してくれる支持者を増やさなければならないからである。

イノベーションを首尾よく受け入れてもらうための地ならしとして、イノベーションチームがイノベーションの基本原理について単純明快な言葉で説明できなければならない。また、イノベーションに伴う混乱は十分管理できると請け合うことで、あらかじめ混乱を緩和しておくことも必要である。

周囲を理解に導くどころか、煙に巻いてしまうような専門技術者はそっぽを向かれるのがおちである。また、「イエス」と答えるよりも、「ノー」と返すほうが簡単なのが世の常である。秘密裏に動き、最後にアイデアの全容をいっきに開陳するようなやり方では、予期せぬ反対に見舞われ、それが原因でプロジェクトが頓挫してしまうこともある。

ティンバーランドの期待の新製品、トラベルギアが発売に失敗したのは、既存事業のマネジャーたちとの人間関係やコミュニケーションに無頓着だったことが大きい。

トラベルギアの開発は、既存事業から独立して設けられた「インベンションファクトリー」という名称の開発チームが担当した。この製品は、さまざまなアウトドア活動に応じた部品を着脱できるようになっており、この靴が一足あれば旅行に出かけられる。しかもこの製品は、二〇〇五年に『ビジネスウィーク』誌のデザイン賞を受賞したほどのコンセプトだった。しかし、既存の事業部門の中には、インベンションファクトリーの開発から外されたところもあり、そのような部門の営業担当者たちはトラベルギアの売り込みを拒んだのだった。

ティンバーランドとは対照的な例がある。ワシントン・ホスピタル・センターと、その親会社メッドスター・ヘルス向けに最先端のデジタルネットワークを開発したクレイグ・フェイエッド医師で、この成功例は、人間的側面に傾注することの大切さを証明するものである。この事例では、少人数で構成されたプログラマーのグループがIT部門をあえて飛び出し、ER（救急）部門に参加して、ユーザーフレンドリーなITシステムを設計した。これだけを見ても、開発者が利用者に密着していたことがわかる。

さらに、フェイエッド医師とパートナーのマーク・スミス医師は、院内の人脈を広げるべく、病院で開かれる多数の委員会に必ず出席するようにした。このように二人が人間関係に精力を注ぎ、かつ病院の共通目標に貢献したことが好ましい結果を生んだといえよう。つまり、二人の積極的な行動のおかげで、ITシステム（現在は「アジクシィ」と呼ばれている）への好意的なクチコミと支援が他部門にも広まり、その結果、時間が節約できたばかりか、人命も救われたのである。

イノベーションチーム内に人間関係を大切にする文化が醸成されるかどうかは、企業文化に左右される。人間関係を重んじる文化ではなく、軽んじる文化の企業は、大きなつけを支払うはめになりかねない。

PC向けディスクドライブの有力メーカー、シーゲイト・テクノロジーは、一九九〇年代半ばから後半にかけて苦境に陥った。同社には当時、イノベーションを担当する設計センターが七カ所あったにもかかわらず、そのR&Dの生産性は業界で最低だった。これは、各センターが協力し合うのではなく、競い合っていたためだ。

何度か、統合の試みがなされたが、社員たちは妥協点を見出そうとせず、それぞれ自己擁護するだけだった。シーゲイトのミドルマネジャーと技術者たちには、グループ間の交流を是とする行動規範などなく、むしろその正反対の規範に染まっていた。経営会議でわめき立てる社員には、その品行の悪さに「ドッグズ・ヘッド賞」が与えられていたほどだった。

製品にもプロセスにもイノベーションはなく、その結果、シーゲイトの市場シェアは低下し、顧客は不満を募らせ、売上高が落ち込んだ。技術環境が変化する中、PCの売上高も顧客基盤も縮小するシーゲイトは、コモディティメーカーへと転落しかけていたのである。

新CEOのスティーブ・ルソーと新COOのビル・ワトキンスは、協力して経営に臨んだ。この新体制の下、経営陣を含めて、社員同士の付き合い方に関するマナーやルールづくりが進められた。

経営陣の意識が変わったのを見て、部門横断的なイノベーション組織として「コアチーム」を立ち上げ、体系的な運営プロセスを構築した。そして、従来型の研修プログラムに加えて、ニュージーランドなどの遠隔地で実施される軍隊式の野外学習への参加などを通じて、社員たちにチームづくりの方法論を教え込んだ。コアチームのリーダーには、技術的な能力に優れた社員ではなく、対人関係力に優れた社員が任命された。

コアチームが、会社を市場リーダーの座へと復活させる劇的な製品イノベーションとプロセスイノベーションを生み出したことで、業績が低迷し、会議は言い争いの場でしかなかった時代は終わった。そして新生シーゲイトは、ｉＰｏｄや携帯電話など、さまざまな新型電子機器向けのイノベーションの開発に成功した。

イノベーションを成功させる処方箋

ブレークスルーとなるアイデアや製品、サービスをいかに追い求めても、以上で述べてきた過ちのいずれか、あるいはすべてのせいで頓挫してしまうおそれがある。ただし幸いなことに、過去に学ぶことで、イノベーションを成功させる方法を知ることができる。

「企業内起業家精神」という言葉があるが、これは必ずしも矛盾する表現ではない。成功に向けた四つの道を以下に紹介していこう。

１｜戦略面の改善策：イノベーションを探索する範囲と活動領域を拡大させる

私が「イノベーションのピラミッド」と呼ぶ階層は三層に分かれているが、その各層に効果が及ぶようなイノベーション戦略を策定すべきである。

このピラミッドの最上層に属するのは、投資の大半を振り向けるべき数件の大型イノベーションである。その次の層は、中規模の有望アイデア群である。これらのアイデアを広げ、テストを担当するチームが中心になって取り組まれる。最下層は、まだ生煮えのアイデア、継続的改善による漸進的イノベーションから成る、言わばイノベーションの苗代である。

大型イノベーションには、小さな成功を牽引する作用があるため、ピラミッドの上から下へとその影響が波及していく。逆に、下から上に波及することもある。それは、偶然の産物として有名な３Ｍのポスト・イットのように、ちょっとした工夫、改良だけで大きなイノベーションが生まれる場合である。

このピラミッドに基づいてイノベーションを検討することには、次のようなメリットがある。

まず、経営幹部用のイノベーション管理ツールとなる。現在検討中のアイデアについて評価した結果、その有効性が証明されて追加支援が必要であると判断されたアイデアに調整を加え、全社的な取り組みへと発展させることができる。

イノベーションは、全員参画の文化から生まれ、育っていくものだ。専任チームが大型プロジェクトを推進し、臨時チームが中規模のアイデアの展開を図り、残りの社員全員から提案を募る。実際、全社員がもれなくアイデアの提案者となり、プロジェクトの予備軍になれることは、ＩＢＭの事例が示している。

二〇〇六年七月、IBMは三日間にわたって、ウェブ上で「イノベーションジャム」なるものを開催した。このウェブフォーラムには、一〇四カ国から合計約一四万人の社員と顧客が参加し、約三万七〇〇〇件のアイデアが寄せられ、これに優先順位がつけられた。このおかげでIBMは、膨大なアイデアの種を手に入れた。なお、大型のアイデアも混ざっていたが、大半は小粒だった。

実は、アイデアを幅広く募り、小さなアイデアをたくさん集められる企業のほうが、大きなアイデアを獲得できる可能性が高い。イノベーションを次々に生み出している企業は共通して試行回数が多く、これが成功のカギになっている。

二〇〇三年とその翌年、イノベーションに拍車をかけるために、ジレットはこのピラミッド型モデルを採用した。すると、増収や増益につながるイノベーションが、すべての職能部門と事業部門で次々に生まれてきた。その中には、電池式電動歯ブラシのような新製品もあれば、二〇〇六年に新発売された電池式の五枚歯ひげそり、フュージョンのような新しいR&Dコンセプトもあった。また、シックのクアトロを凌駕したマッハスリー・ターボ向けキャンペーンといった他社の攻勢を相殺するイノベーティブなマーケティング施策をはじめ、人材管理への新技術の導入なども含まれていた。

二〇〇四年三月に開催されたジレット初のイノベーションフェアでは、すべての部門が思い思いの方法で、その年最高のアイデアを紹介した。法務部門はモノポリーで使われる「刑務所から釈放」のカードを配るというジョークを交えながら、ビジネス倫理について学習するeラーニング研修を売り込んだ。

ちなみに、法務部門をイノベーションに取り組ませるのは名案である。イノベーションの推進責任者にすれば、迅速な特許申請サービスはもとより、規制面の障害を回避するための助力は必要不可欠だからだ。また、漸進的イノベーションや継続的改善を含めたイノベーション戦略には、社内全体に前向きな気持ちを醸成し、その結果、大きなブレークスルーによる改革を受け入れやすくする効果がある。

2 プロセス面の改善策：計画立案と管理システムの柔軟性を向上させる

計画スケジュールに縛られることなくイノベーション活動を活発化させるうえで、予想外のチャンスに備えて別勘定の資金をプールしておくのも一策である。こうしておけば、有望なアイデアを次の予算編成まで棚上げしたりすることも、イノベーションの推進責任者が売上高と利益で評価される既存部門に資金を無心したりすることもなくなる。

英国のBBCでは、一九九〇年代後半、独裁的な経営と硬直的な管理の弊害のせいで、画期的な番組を制作する力が弱体化し、その結果、視聴率が低下した。当時は厳格な予算管理が敷かれており、ひとたび予算が決まると、予算計上されたもの以外の費用は認められなかった。

二〇〇〇年、新しいCEOとCFOが就任して、このルールを緩めるとともに、イノベーションとなるアイデアを実現させる資金として、本社勘定の特別予算を確保することにした。この結果、官僚的なルールによって創造的なアイデアが妨げられてはならないことが確認された。『ジ・オフィス』というコメディが数十年ぶりの大ヒットになったが、これは、そもそも教育番組向けだった予算を、ある新入社員が知らずに試作の制作に回したことで実現した偶然の産物だった。

IBMでは、このような臨機応変さがインフラとして組み込まれている。たとえば、先のイノベーションジャムから生まれた素晴らしいアイデアの資金として、通常の計画立案と予算編成プロセスとは別に、一億ドルのイノベーションファンドを創設した。こうしてボトムアップ型の提案活動を奨励している。

同社のイノベーションとテクノロジー担当エグゼクティブバイスプレジデント、ニック・ドノフリオは次のように語っている。

「これほど大規模で、かくも多彩な顔ぶれの賢人たちを世界中の産業界から招き、いま直面している課題とチャンスについて議論したことなど、いまだかつてありません。相手企業が文字通り扉をノックし、『あなたが温めている素晴らしいアイデアを教えてくれれば、その実現に向けて一緒に取り組みますよ』と申し出てくれているのです。見たこともないような市場を創出し、協力体制を生み出す絶好のチャンスです」

新たな資金配分モデルと協力体制が不可欠であることに加えて、社内要件の一部を免除することも、イノベーションプロセスに欠かせない。何しろ既存事業と新規事業の間には、膨大な違いがあるのだ。たとえば、CAD／CAMによって短時間で試作品を完成させるラピッド・プロトタイピングを使えば、試行錯誤による学習効果によってイノベーションに進捗が見られることがわかっている。

そうであれば、プロジェクトを見直し、追加資金を投入すべきタイミングは、四半期や一年といった固定的な周期ではなく、当該プロジェクトのリズムに合わせるべきであり、それは既存事業よりも速い時期で訪れるかもしれない。

また、ある種のプロジェクトでは、通常よりも我慢が必要になる可能性がある。たとえば、イノベーションチームが予期せぬ障害にぶつかり、計画の再考を迫られた場合などだ。ただしその際も、状況に柔軟に対応できるかどうかがカギである。

3 組織面の改善策：イノベーションチームと既存部門を緊密に連携させる

既存部門と同じ管理体制の下では、イノベーションは途中で潰れることになる。そうならないように杓子定規な管理を緩める一方、イノベーションチームと既存業務に携わる社員たちの連携を強化しなければならない。そのためにも、イノベーションの推進責任者と事業部門長が、定期的かつ建設的に話し合うことが望ましい。

イノベーションチームの仕事の一つに「外部とのコミュニケーション」を加えるだけでなく、経営幹部が緊張や対立ではなく相互信頼を醸成するような話し合いの場を設けることが望まれる。そこでの目標は、やがて新規事業となるイノベーションを既存事業に再統合する際、カニバリゼーションを最小限に抑えつつ、相互学習の効果をできる限り高めることにある。そのためには、公式の会議のみならず、非公式の対話を奨励するのも一策である。スチールケースでは、そのような対話を促すため、社員同士が偶然出会える場としてデザインセンターを建設した。

このほかにも、社内人脈を使って部門横断的に動き回り、リーダー的な役割を果たしている社員を見つけ出し、イノベーションチームとの連携強化を奨励するという手も考えられる。

新規事業につながるブレークスルーイノベーションを追求する一方で、既存部門に貢献する責任も忘れてはならないと、あらかじめイノベーションチームのメンバーに告げておくのもよいだろう。このことをチームの行動方針に記したうえで、さまざまな部門の人たちとのインタラクションを奨励することも考えられる。たとえば、既存部門の社員にイノベーションチームの仕事を一通り経験させる、あるいはイノベーション活動を監督する諮問委員会を設置してもよい。

最初の名案があえなく失敗に終わったティンバーランドのインベンションファクトリーだったが、やがて既存部門と密接に連携して、たとえば内側に「スマートウール」を張ったスポーツシューズといった当初のイノベーションニーズに取り組み、同時にこれまでの事業を一変させてしまうようなブレークスルーを追求するようになった。

また、ターナー・ブロードキャスティング・システムの新製品開発チームは、独自の開発案件、既存の販売チャネルの強化、社外との提携、ベンチャー企業への投資など、複数の異なるプロジェクトを同時に進めている。

一方、ＰＮＣファイナンシャル・サービシズ・グループが創設した新製品グループは、プライシングや商品内容の変更など、既存事業向けの商品企画開発を監督する傍ら、投資ファンド向けに、ＩＴを用いた新サービスや事務処理サービスを提供する新規事業を展開している。二〇〇五年、新商品の売上高は二一％増加し、売上高全体の四六％を占めるに至った。

職能や学際を超えて、問題解決を最優先に考えるチームづくりが可能な柔軟な組織では、部門間の連携がうまくいきやすい。

メディア・コングロマリットのパブリシスには、「ホリスティック・コミュニケーション・チーム」という組織があり、サーチ・アンド・サーチ、レオ・バーネット、パブリシス・ワールドワイドなど傘下の広告代理店や技術部門の枠を超えて連携を促すことで、社員たちが顧客とブランドに集中できるように努めている。

またノバルティスは、疾病の種類に基づいて組織編成することで、市場や顧客とR&D活動を直結させている。たとえば抗がん剤のグリベックのような先駆的なイノベーションを、いち早く市場に投入できたのもこのおかげである。

シーゲイトでは、部門横断的な「ファクトリー・オブ・ザ・フューチャー」(未来工場)のチームが驚異的なプロセスイノベーションに成功したことで、前述のコアチームが、広く活用されるようになった。

アライドシグナルでは、イノベーションを担当していた社員たちが、縦割り組織を超えて活動しなければチャンスを物にできないことにようやく気づいた。航空宇宙部門は、大手航空会社、中小航空会社、自家用機とチャーター機を扱う汎用航空会社ごとに担当が分かれていた。しかし、整備業務を外部委託しているか否かで担当分けしたほうが賢明であることがわかった。同部門でイノベーションを起こすには、これまでの縦割りではなく、横断的に連携する必要があった。

ウィリアムズ・ソノマがeコマースにイノベーションをもたらし、マルチチャネルの小売企業として成功できたのは、ウェブ開発の担当部門が自分たちの成果をうまく他部門と共有し、連携していったことが大きい。

CEOのハワード・レスターは当初、インターネット事業を社内業務から切り離すことを拒否していた。そこでまず、婚礼ギフトの申し込みにウェブを用いたところ、既存事業に新たな機能を付加するものであることがわかった。

このパイロットプロジェクトが高い評価を得たことで、本社ビルの中にeコマース部門が創設されることになった。このeコマース部門は独自路線を追求するのではなく、既存の販売チャネルと競合することなく強化させる道を選択した。

同部門の業績は、eコマースによる売上高だけでなく、既存の販売チャネルにおいてウェブの力を借りて上積みされた売上高も織り込まれて評価された。そこで、既存事業との連携をいっそう強化するため、各部門に無料で研修を申し出た。

4―スキル面の改善策：人間関係を重視するリーダーを選抜し、コラボレーションによってイノベーションを支援する文化を醸成する

プロジェクトリーダーのスキル開発に長けた企業ほど、イノベーションの成功確率が高い。ウィリアムズ・ソノマがeコマースにいち早く成功し、利益にあずかることができたのも、一つには同社が人間的側面に慎重に配慮したからである。

同社のeコマース部門の初代担当バイスプレジデントを務めたシェリー・ナンドケオライアは、ITの専門家ではなく、正しいチームづくりができるリーダーだった。人間関係を重視する彼は、他部門から引き抜いた社員と新規採用者による混成チームを編成した。前者には前の職場とのパイプ役を果たすこと、後者には新たなスキルを持ち込むことが期待された。

さらにナンドケオライアは、eコマース部門にアドバイスし、他部門との連携を図る全社横断的チームを創設した。また、業務部門との連携を改善するインテグレーター職を設け、これに人間関係を大切

にすることで定評のあったパトリシア・スケリットを任命したのである。

これと同様の例を挙げよう。新しい商品やサービスを連鎖的に生み出すようなイノベーションに、えてしてミドルマネジメントは反感を抱くものである。

ゲイル・スノーデンがこの反感の「地雷原」をかいくぐりながら、バンク・オブ・ボストン傘下のFCBの舵取りに成功したのは、銀行業務のスキルではなく、リーダーシップスキルのおかげだった。有能な社員たちが互いに強い絆で結ばれ、ミッションに向かって一丸となって協力するチームを築いたからにほかならない。このチームはほどなく、バンク・オブ・ボストンの中でも、憧れの職場に数えられるようになった。

彼女はミドルマネジメント層に生じた緊張を緩和するために、自分に協力的な上層部との人間関係を強化し、自分のチームには特例扱いが必要な理由を繰り返し伝えた。他行の取り組みがもたついている中、このチームは、彼女の創造性、ビジョン、チームワーク力、粘り強さのおかげで成功を収め、全国の模範となった。

IBMは、くだんのワールド・コミュニティ・グリッドを通じたグリッド・コンピューティングの実践など、大規模なイノベーションに成功してきたが、コラボレーションを奨励する企業文化の賜物といえる。CEOのサミュエル・パルミサーノは、何十万人ものIBM社員を巻き込み、IBMの価値観についてウェブ上で議論を戦わせた。また、エグゼクティブバイスプレジデントのドノフリオは、全世界で九万人に上る技術系社員たちに、イノベーションを追求する共同体の一員であると自覚できるように努めている。

そして、コーポレート・コミュニティ・リレーションズ担当バイスプレジデントのスタンリー・リトウは、ワールド・コミュニティ・グリッドの全社担当者として、このイノベーションを推進するために、事業部内や地域内でのパートナー探しに奔走した。

＊　＊　＊

既存企業が、イノベーション活動を頓挫させてしまう罠に陥るのを回避する方法は、次の四つである。

・新しいアイデアを探す範囲を広げること。
・厳しすぎる管理と硬直した組織構造を緩めること。
・イノベーションの推進責任者と既存事業の連携を改善すること。
・コミュニケーションとコラボレーションのスキルを磨くこと。

イノベーションは、企業の将来を創造するアイデアをもたらす。しかし、経営陣が真摯に過去に学ばない限り、イノベーションを求める旅は徒労に終わる運命にある。

活用（既存事業から得られる利益の最大化）と探求（新規事業の探索）のバランスを適切に図るには、組織の柔軟性と人間関係への配慮が欠かせない。これは、昔もいまも、そして将来においても不変の事実である。

イノベーションにまつわる教訓

イノベーションは企業成長における戦略的な要因であるが、持てはやされたり、なおざりにされたりと波がある。しかし、イノベーションブームが押し寄せるたびに、経営者は同じ過ちを犯してしまう。ほとんどの場合、経営者は既存の収入源の確保と、新たな収入源の育成を両立させるという、やっかいな綱渡りに苦労し、R&Dの段階でつまずいてしまう。しかし、「企業内起業家精神」という表現はけっして矛盾したものではない。経営陣が過去の経験に学ぶならば、活発なイノベーションを実現する道が開ける。

①戦略面の教訓

・ブレークスルー・イノベーションを生み出すようなアイデアばかりではない。小粒のイノベーションや漸進的なイノベーションも着実に積み上げれば、大きな利益へとつながる。

・新製品開発だけを重視してはならない。マーケティング、生産、財務、物流など、職能分野でも、改革をもたらすアイデアが生まれる可能性がある。

・優れたイノベーションの推進責任者は「イノベーションのピラミッド」を活用している。このピラミッドの最上層に属するのは、投資の大半を振り向けるべき数件の大型イノベーションである。次の層は、まだテスト段階にある中規模の有望アイデア群である。最下層は、初期段階のアイデアや漸進的イノベーションからなる。アイデアや影響が広がっていく方向は、このピラミッドの下から上、上から下のどちらもありうる。

②組織面の教訓

・ルールに基づく管理を緩めると同時に、人間関係の面で、イノベーション活動とその他の事業活動の間の連携を緊密化すべきである。

・事業そのものを一変させてしまうようなイノベーションには、既存の販売チャネルにまたがるものや、さまざまな既存能力を新たな形で結合させたものが多い。

・一つの組織の中に二種類の社員集団が生まれ、イノベーションの推進責任者に偏って別途給付や特権を与えたり、特例を認めたりしてしまうと、既存事業に携わっている社員たちは全力でイノベーションを潰しにかかる。

③プロセス面の教訓

・厳しい管理はイノベーションを押し潰してしまう。既存事業と同じ計画立案、予算編成、業績評価を適用してしまうと、イノベーション活動の活力は削がれてしまう。

・イノベーションが計画通りにいかないことを覚悟すべきである。臨機応変な行動よりも、業績目標を果たした社員だけに報奨を与えるような企業は、イノベーションを握り潰し、駆逐してしまうだろう。

④スキル面の教訓

・技術的なイノベーションであっても、対人関係能力とコミュニケーション能力に長けた、らつ腕リーダーが必要である。

・社員育成に関する会社方針のせいで、目まぐるしいジョブローテーションを求められようとも、成功するイノベーションチームのメンバーたちは、一つのアイデアに専念している間、固い結束を守っているものである。

・イノベーションには「連携役」と呼ぶべき人物、つまり、既存部門や社外でパートナーを見つけるノウハウを備えたメンバーが欠かせない。共同作業を奨励するような企業文化では、この存在によって、イノベーション活動が活発化する。

【注】

（1）Robert H. Waterman Jr. and Thomas J. Peters, *In Search of Excellence*, HarperCollins, 1982. 邦訳は一九八三年、講談社より。また二〇〇三年、英治出版より復刻版が発刊されている。

（2）Rosabeth Moss Kanter, *The Change Masters, Innovations for Productivity in the American Corporation*, Simon & Schuster, 1984. 邦訳は一九八四年、二見書房より。

（3）Gifford Pinchot, *Intrapreneuring: Why You Don't Have to Leave the Corporation to Become an Entrepreneur*, HarperCollins, 1985. 邦訳は一九八九年、講談社より。

（4）Michael L. Tushman and Charles A. O'Reilly III, *Winning through Innovation: A Practical Guide to Leading Organizational Change and Renewal*, Harvard Business School Press, 2002.

（5）双面型組織の詳細については、Charles A. O'Reilly III and Michael L. Tushman, "The Ambidextrous Organization," HBR, April 2004.（邦訳「『双面型』組織の構築」『DIAMONDハーバード・ビジネス・レビュー』二〇〇四年一二月号）を参照。

（6）Rosabeth Moss Kanter, *When Giants Learn to Dance: Mastering the Challenges of Strategy, Management, & Careers in the 1990s*, Simon & Schuster, 1989. 邦訳は一九九一年、ダイヤモンド社より。

（7）Clayton M. Christensen, *The Innovator's Dilemma: When New Technologies Cause Great Firms to Fail*, Harvard Business School Press, 1997. 邦訳は一九九九年、翔泳社より。なお、二〇〇〇年に増補改訂版が出されている（邦訳は二〇〇一年）。

（8）G. Felda Hardymon, Mark J. DeNino and Malcolm S. Salter, "When Corporate Venture Capital Doesn't Work," HBR, July-August 1983. 邦訳は『ダイヤモンド・ハーバード・ビジネス』一九八三年九月号。

（9）VoIP（voice over internet protocol）とは、音声データを圧縮してパケット変換したうえでＩＰネットワークによってリアルタイムで伝送する技術。

第 **9** 章

未知の分野を制覇する仮説のマネジメント

コロンビア大学経営大学院 助教授
リタ・ギュンター・マグレイス
ペンシルバニア大学 ウォートンスクール 教授
イアン C. マクミラン

"Discovery-Driven Planning"
Harvard Business Review, July-August 1995.
邦訳「未知の分野を制覇する仮説のマネジメント」
『ダイヤモンド・ハーバード・ビジネス』1995年10−11月号

リタ・ギュンター・マグレイス
(Rita Gunther McGrath)
コロンビア大学経営大学院組織経営学部助教授。

イアン C. マクミラン
(Ian C. MacMillan)
ジョージ W. テイラー起業研究所教授兼ペンシルバニア大学ウォートンスクール教授。

なぜ一流企業が新規事業でつまずくのか

ビジネス界では、一流企業が未知の分野――合弁事業、業務提携、新規市場参入、新製品、新技術など――に進出して巨額の損失を出したという話には事欠かない。一九九二年に欧州でテーマパークを開業したウォルト・ディズニー・カンパニーが一九九四年までに出した損失は、一億ドルを超えている。ザップメールの名で始めたファクシミリ事業で、フェデラル・エキスプレスは六億ドルの損失を出して撤退した。ポラロイドは、インスタントムービーを手掛けて二億ドルの損失を出した。このように経験豊富な一流企業が新規事業でつまずくのはなぜだろうか。戦略的新規事業とは本来リスキーなものだからだ、というのが進出分野に伴う一つの問題である。しかし、コストを含めて多くの失敗は避けられるということもいえる。ただし、経営トップが正しい計画管理技法を使い、革新的な新規事業に対応すれば、の話である。

DDP計画法（discovery-driven planning：仮説指向計画法）は、新規事業企画と既存事業の計画との基本的な違いを確かめる実用的な方法である。既存事業の計画は、先行きの成果が理解も見通しも十分可能な、過去の経験という実績に基づいて推測できるという前提に立って、初めて役に立つものである。見込みは、仮説よりむしろ確実な知見に基づいているので、あてにできる。実績基準の計画法では、計画からずれることは問題である。実績基準のアプローチは、継続事業の場合には意味があるが、これを新規事業に適用するのはナンセンスである。定義によれば、新規事業とはわからないこと、不確実なこと、まだ明白でないことの見通しを企業に求めるものである。十分精通した事業の、安全で信頼性のある見通し可能な知見はまだ出現していない。むしろ経営者は、新規事業の基礎になる将来の可能性についての仮説に対処しなければならない。新規事業とは、既知のことに対して大きな割合の仮説を背負って推進するものだ。既存事業では、その比率はまったく逆になる。未知のことに関する仮説は、いずれ誤りだとわかるのが当然であるがゆえに、新規事業では、必然的に当初の計画目標から大きな——巨額になることが多い——差異が発生する。新規事業では、抜本的な軌道修正を必要とすることがしばしば生じるのは当然である。

予測可能な十分に精通した既存事業のための計画法を、新規事業に無理やり当てはめるようなことはせずに、DDP計画法を活用してみれば、新規事業のスタート時にはわかっていることはほとんど何もなく、あるのは仮説ばかりだということがはっきりする。実績基準の計画法は、計画の基礎になる仮説をあたかも事実であるかのように扱い、「与件」は最善の見込みとして検証されるより、むしろ計画（予算）として加工される。そのうえで企業は、これらの埋もれた仮説を基礎として推進する。それに対して、DDP計画法は、戦略的新規事業の展開過程で仮説が知識に転換するのに応じて組織的に構築される。新たなデータが明らかになると、進展する計画に組み込まれる。このようにして、新規事業の真の可能性がその進展に応じて把握される。つまり、DDP計画法と名付けたゆえんである。これは通常の計画法で使われる基準とは違うが、明確さでは劣らない基準を課すものである。

ユーロ・ディズニーと実績基準計画法

新規事業計画に潜んでいる仮説に気づかなければ、一流企業といえども深刻な事態を招くおそれがある。ユーロ・ディズニー（現ディズニーランド・パリ）の四九％所有者であるディズニーは、テーマパークにかけてはしたたかな企業として知られている。同社の成功は米国だけに留まらない。東京ディズニーランドは一九八三年のオープン以来、収益、人気ともに成功であった。しかし、ユーロ・ディズニーの場合はそうはいかなかった。一九九三年までに入場客は毎月一〇〇万人近くに達し、欧州で最も人気の高い有料の行楽地となった。では、なぜあれほどの損失を出したのだろうか。

一九八六年、ユーロ・ディズニーの企画を、ディズニーは他のテーマパークから得た経験に基づいて設計した。売上げの半分は入場料を、残り半分はホテル、飲食物、商品などを見込んだ。しかし、一九九三年までに入場客数は目標の一一〇〇万人を達成したものの、そうするために大人の入場料を大幅に値下げせざるをえなかった。入場客一人当たりの平均支出は計画値をはるかに下回り、赤字が膨らんだ。

重要なことは、ディズニーの経験を後追いで理屈をつけて批評することではなく、損失は欠陥のあった仮説によって生じたもので、それを少なくできたはずのアプローチを論証することである。重要な仮説を順序立てて明らかにすれば、その事業計画の弱みがどこにあったかが浮き彫りにされる。そこで、個々の収益源を順を追って見てみよう。

入場料

日本と米国では、当初の入場客が帰宅後、隣近所にディズニーランドをほめそやしたおかげで、その入場料を値上げできたのである。しかし、ユーロ・ディズニーの企画担当者は、大人四〇ドル以上の入場料でスタートしても、目標入場客数を達成できると想定した。ところが、折からの欧州の大きな不況の波と、フランス政府の強いフランを目指すとの決意により、入場客が減少した。このようなマクロ経済の問題は企業がコントロールすることはできないものの、入場料設定の仮説を浮き彫りにし、検証することはできる。ユーロ・ディズニーの料金は、欧州の他のテーマパーク、たとえば人気のあるアクアパレスなど、入場料は安くして個々のアトラクションごとの料金を払って「自分のメニュー」を入場客につくらせているところと比較すると、非常に高かった。一九九三年までに、ユーロ・ディズニーは目標とする入場客数を確保するために、入場料を大幅に値下げせざるをえなかっただけでなく、開園当初のクチコミのメリットを失ってしまった。この「ほめそやす」現象は欧州では特に重要であり、そのことをディズニーは、クチコミが地中海クラブに貢献したことから推測できたはずである。

ホテル施設

他の市場での経験に基づき、ディズニーは、入場客は園内の五つのホテルに平均四日間滞在するとの仮説を立てた。しかし一九九三年の平均滞在日数は、たった二日であった。この仮説をクローズアップしてみると、再検討できたはずである。その理由は、ユーロ・ディズニーは開業時のプログラムがディズニーワールドの四五に比べて一五しかなく、入場客は一日で全部回ることができたためである。

食事

偶然にも、日米とも入場客は一日中「気ままに食事して」いる。ユーロ・ディズニーにおける埋もれた仮説は、欧州の人々も同じと見たことである。したがって、ユーロ・ディズニーのレストランは、一日を通じて「気ままな客」の流れが続くものとして設計された。だが、欧州の入場客が長年の習慣通り昼時に食事に殺到したため、レストランは座席を確保できなかった。腹を立てた入場客は場外に出て食事を取り、この憤懣を帰宅後に友人や隣近所に言いふらした。

商品

ディズニーでは、米国や日本より入場客一人当たりの売上予想を低めに設定したが、欧州でも主に衣料品やプリント製品などを購入するものと考えた。ところが、入場客がTシャツや帽子など高利益品目よりはるかに安いものしか買わず、まったくあてが外れた。ディズニーはこの埋もれた仮説を、売上予測前に検証できたはずである。なぜかというと、欧州の各都市にあるディズニーの小売店では、高利益の衣料品はあまり売れず、低利益品目のプリント物のほうがはるかによく売れているのである。

ディズニーだけではない。その他の多数の企業も、これらの役に立たないことが明らかな暗黙の仮説に基づいて、実績基準計画法による新規事業を追求して、高い授業料を払っている。これら新規事業は、意識されることがほとんどないこれらの仮説を、十分確認せずに進められるのが通例である。我々はこの計画方式に特徴的な以下の四つの誤りを、繰り返し見てきた。

・企業は確かなデータを持たないが、ひとたびいくつかの重要な意思決定が下されるや、自分たちの仮説があたかも事実であるかのように考えて作業を進める。入場客のホテルやレストランの利用方法に関するユーロ・ディズニーの暗黙の仮説がいい例である。

・企業は仮説を検証するのに必要な確かなデータは持っているが、言外の意味を理解することができない。入手したデータの一部に基づいて仮説を立てた後に、これら仮説を検証することなく作業を進める。フェデラル・エキスプレスがザップメールの基礎としたことは、フェデックス・センター間の文書の配達を四時間でできれば需要はかなりあるとの仮説によるものであった。顧客は自分でファクシミリを買い取って使う余裕がないとの暗黙の仮説を検討することはなかった。もしこの仮説を浮き彫りにしていれば、オフィス向けに、そしてその後は家庭向けに、ファクシミリが急激な低価格化を進め、売上げを急増させたことに目を向けることができたはずである。

・企業は真のビジネスチャンスの存在を見極めるのに必要なデータはすべて持っているが、自社の推進能力については暗黙の、しかも不適切な仮説を立ててしまう。エクソンはオフィスオートメーション事業で二億ドルの赤字を出したが、これは自社で直接販売体制やサービス体制をつくり、IBMやゼロックスと対等に競争できるとの暗黙の仮説によるものであった。

・企業はスタート時はデータには事欠かない。しかし環境の変動はないとの暗黙の仮説を立てる。その結果、重要な要因が変動してもそれに気づかず、手遅れになる。ポラロイドがポラビジョン・インスタントムービーで二億ドルの損失を出したのも、七ドルで三分のカセットが二〇ドルで三〇分のビデオテープに十分対抗できるとの暗黙の仮説に気づかなかったことによるものである。ポラロ

図表9-1｜危険な暗黙の仮説

1. 顧客が我々の製品を買うのは、我々が優れていると思うからだ。
2. 顧客が我々の製品を買うのは、技術的により優れているからだ。
3. 顧客は、製品が「素晴らしい」という我々の認識に同意する。
4. 顧客がこれまでの取引先からの仕入れをやめ、我々に切り換えても何らリスクを負わない。
5. 製品は黙っていても売れる——販売努力の必要はない。
6. 流通業者はこの製品の在庫を持ち、サービスしたいと望んでいる。
7. 我々はこの製品を予定通り、予算通り開発できる。
8. 適正な要員の確保にはまったく困らない。
9. 競合他社は、無茶な対抗手段は取らない。
10. 我々の提供するものは競争に巻き込まれない。
11. 我々は価格を維持しても、迅速にシェアを獲得できる。
12. 新規市場は、これまでと同じ推進体制で開拓できる。

イドは、ビデオデッキは高すぎて、消費者は誰も手が出ないだろうと暗に予想していた。しかしその後、ビデオデッキメーカーは技術改良を重ねて価格を引き下げた（**図表9－1**「危険な暗黙の仮説」を参照）。

DDP計画法：ケーススタディ

DDP計画法は、そのままでは気づかずに見逃されて計画の中に織り込まれない、危険な暗黙の仮説（潜在的な思い込み）を明らかにするための、体系的な方法を提供するものである。この計画法の基本的な枠組みは、四つの簡単な関連文書の作成によりとらえられる。事業の基本的な数字モデルを示す「逆損益計算書」、事業運営のために特にどのような運営活動を行うべきかの仮説を整理した「課題明細書」、立てた仮説を確実に検証するための「主要仮説チェックリスト」、そしてそのプロジェクトの主要なマイルストーンを明記し、マイルストーンごとに仮説を検証するために利用する「マイルストーン計画表」である。事業の展開に応じ、また新たなデータが明らかになるにつれて、これらの文書はそれぞれアップデートされる。

このツールをどのように使うのかを、一九八八年に成功した花王のフロッピーディスク事業参入の事例に当てはめて説明してみよう。我々はあえて同社の内部情報またはその企画過程の情報は使用せず、新規事業のスタート時に得た情報のすべてともいえる限られた公表情報のみを使用した。

花王

花王は、磁気テープメディア（フロッピーディスク）業界への、界面活性剤の供給メーカーとして成功した企業である。一九八一年、本業の石鹸や化粧品で培った界面活性剤の技術を活用して、フロッピーディスクのメーカーになる可能性を検討し始めた。花王の経営者は、自社の界面化学技術を補足する十分な製造知識を、得意先のフロッピーディスクメーカーから得ていたことに気づいた。彼らは当時、他社が提供するものよりもっと安く、しかも高品質のフロッピーディスクを生産できると確信した。ディスク表面の品質は、その信頼性には欠かすことができないだけに、花王の界面活性剤技術は特に貴重であった。成熟化の進んだ業界では、自社の現有製品を成長産業に移行する機会はとても魅力的である。

市場

一九八六年末までに、フロッピーディスクの需要は米国で五億枚、欧州で一億枚、日本で五〇〇〇万枚、成長率は全体で年率四〇％が見込まれていた。このことから、一九九三年までには全世界のマーケットは三〇億枚、そのうち三分の一がＯＥＭマーケット、つまりＩＢＭ、アップル、マイクロソフトなど、自社のソフト供給向けにディスクを使う大口需要企業が占めることになるというものであった。一九九三年までには、ＯＥＭ向け業界価格は一枚約一八〇円になると見込まれた。ソフトウェアなどＯＥＭ向け製品は、ディスクの品質と信頼性が特に重要である。ディスクの欠陥は、製品全体の品質に対する消費者の認識に、致命的なインパクトを与えるからだ。

逆損益計算書

ＤＤＰ計画法は逆から始める。花王の場合、その選択を検討し始めた時点に戻って出すべき最初の質問項目は、フロッピーディスク事業が自社の競争上の優位な地位と業績を飛躍的に高める可能性があるか否かである。成功の成果が大きくなければ、戦略的新規事業の大きなリスクや不確実性を、背負わなければならない理由はない。

ここで最初にやるべきこと、それは逆損益計算書を使って新規事業を企画することである。それは損益計算書を、通常とは逆から順につくる。具体的には、売上予測から始めて利益を出すという従来の損益計算書ではなく、まず目標利益から始める。その次に必要売上げを決め、目標利益を確保するために許容されるコストを決めて損益計算書をつくり上げる。基本的なコンセプトは、最初に収益性を決めることによって売上げとコストの制約条件を案件に組み込むのである。

一九八八年の花王においては、経営陣は以下のような数値でスタートしたはずである。すなわち、年間売上高は約五〇〇〇億円、税引前利益は約四〇〇億円、売上高利益率は七・五％である。これらの数値を前提に、花王として注目に値するフロッピーディスクのビジネスチャンスは、どの程度の規模でなければならないだろうか。どの企業もそれぞれの基準を設定している。戦略的新規事業の場合は、少なくとも利益額の一〇％を確保する可能性がなければならない。さらに、増加するリスクをカバーするためには、既存事業へ再投資する場合以上の収益性を確保すべきである。具体的な数字で示せば、本業より三三％多い売上高利益率を、リスクに対する「プレミアム」として要求することにする。花王の売上高利益率は七・五％だから、それは一〇％となる。

花王のデータを使ってフロッピーディスクの新規事業の目標利益を計算すると、約四〇億円（一〇％×四〇〇億円）となる。売上高利益率一〇％で四〇億円の利益を上げるには、売上高四〇〇億円の事業ということになる。

品質のよさでは他社より優れていても、新規参入者としてシェアを獲得するためには競合可能な価格を設定しなければならないと想定して、業界のディスク単価一八〇円に対して一六〇円を目標単価としてみた。これで売上枚数は二億五〇〇〇万枚（売上高四〇〇億円÷ディスク単価一六〇円）となる。スタート当初（一九八八年）にこのような簡単な業績目標を設定すれば、新規事業の規模と範囲を速やかに確定することができる。つまり、フロッピーディスク事業への参入を正当化するには、花王は一九九三年までに全世界のOEMマーケットの二五％のシェア（一〇億枚の二五％）を獲得する必要があったということになる。このことは、当初から世界規模の事業を志向した、製造、販売の両面に対する大きな決意を必要としたはずである。

損益に引き続いて、次に許容コストを計算してみる。すなわち、単価一六〇円で一〇％の売上高利益率を実現するには、全世界でのフロッピーディスクの製造、販売、流通の総コストは、一枚当たり一四四円を超えてはならない。逆損益計算書によりフロッピーディスク事業の課題は、経費を抑えることだということがただちに明らかになる。

課題明細表と仮説チェックリスト

第二にやるべきことは、製品またはサービスが消費者に届くまでの製造、販売、サービス、流通に要する諸活動全体の見積もりを記述した課題明細表を作成することである。あわせて、これらの活動には、この新規事業の許容コストを加えることである。課題明細表は、最初は簡単な一覧表で示され、基礎データを収集するためのわずかな電話や、オンライン検索以外には投資することはない。一つのアイデアがまとまると、判明した情報に照らして記載事項の肉付けと訂正を続けながら、基本的仮説の識別や検証が可能となる。この作業の積み重ねによって、主要な事業コンセプトの欠陥が即座に明白になり、貧弱なコンセプトはかなり早い時期に排除され、その後に重大な投資が行われるようになる。

競争力のある現実的な姿の事業を構築するには、業界標準を使う必要があると考えなければいけない。競争の厳しい業界なら、競争の圧力によって、新規事業は特定の主要な業界標準に忠実に従わざるをえなくなる。いずれの業界にもそれぞれの競争力学があり、それによって資産回転率、売上マージン設備稼働率などの標準業績指標をはじめ、その業界の常識的な利益率が決まっている。世界規模の競争環境にあっては、まともな経営者なら、業界で把握され測定される競争の制約からは、けっして逃れられるものではないと考える。この業界標準は、投資アナリストやビジネス情報サービス企業から手に入れることができる。米国ほど情報源の発達していない国でも、主要産業の指標は投資銀行によって利用されており、特定の産業への融資専門の商業銀行では特に利用されている。新規の業界に参入する者にとって、最良のアプローチは類似の業界の標準に適応することである。

ここで行うべきは、製品やサービスの特性を綿密に分析することでも、市場の詳細調査を始めることでもない。これらは後回しにする。まずは、単に新規事業の隠れた仮説をとらえたい。基本的になすべきことは、新規事業が既存の業界標準にどこで適応すべきか、また一、二カ所の優位な場をどこに求めるか、またどのようにそうすることを期待するかを明確に、しかも現実的に説明することである。

一九八八年に花王の経営者は、フロッピー業界の業績標準を検討したはずである。花王が既存競合他社以上に優れた標準生産設備を活用できると考える理由はない。花王は、たとえば、一ライン当たりの生産能力が業界では一分間当たり二五枚であることや、生産設備の有効耐用年数が三年であることなどは確認したであろう。花王の強みは界面化学および界面物理学にあり、それが品質向上とコストダウンを可能にし、利益率を向上させる。同社が原材料コストを計画した際、その強みを特定の製造課題に向けたいと考えたであろう。すなわち、業界標準の材料費の壁を打破し、これを二五%下げるとした。業務課題の枠組みを公式にすることは、DDP計画法では重要なステップである。我々の経験では、設計や業務に優れた社員は、課題を明確に示せば奮起させることができる。これはキヤノンの山路敬三元社長が技術者たちに、アフターサービスのほとんどいらない、しかも一台一〇〇〇ドル以下のコストのパーソナル複写機の開発に挑戦させ、彼らがそれに応えた例がある。

企業は当初の仮説を、同様の状況で得た経験、業界の専門家の助言、あるいは公表情報源などと対比して検証することができる。要は、正確性は厳しく要求せず、新規事業の基本数値とロジスティックスの適正なモデルをつくり、その課題の重要性の順序を明らかにすることである。その後、計画がどのように間違った仮説に最も影響を受けたかの感度分析を行い、さらに公式の検討を加え、業界の経験者を利用することができる。業界通のコンサルタント――銀行、納入業者、顧客、流通業者など――は多額の対価なしに、驚くほど正確な情報を提供してくれることが多い。

会社としては、事業の推進に要する活動とコストの青写真を描かなければいけない。そこで、課題明細表では、二億五〇〇〇万枚のフロッピーディスクの販売に何件の注文が必要か、したがってこの注文件数を確保するのに販売訪問は何回必要か、この訪問回数を消化するのに販売担当者は何人必要かを、世界のOEMマーケットに販売するとの前提で検討し、さらに販売担当者の人件費がいくらかを計算する。それぞれの仮説は当初は大ざっぱな検証で済ませ、徐々に正確に行う。読者の中には、この初期段階をカットする予測には同意できない方もいよう。それはそれで結構だ。花王も同意しないかもしれない。正当な異議は議論を呼び、一覧表は正確に調整される。進展する文書がこのような議論の触媒になれば、それは十分その役割を果たしていることになる。

さて、次はDDP計画法の第三の柱、すなわち仮説チェックリストの編成である。ここでは新規事業の展開に応じて仮説ごとに目印をつけ、協議し、秩序立てて確実に検証することである。プロセス全体を元に戻して改訂逆損益計算書を作成し、それに基づき事業計画全体のつじつまが合っているかどうかを確認する。合わない場合は、業績目標に見合う条件と業界標準が一致するまで作業を繰り返し、それでもだめなら、その新規事業企画は没にすることだ（一連のプロセスは二二七ページの**図表9－2**「花王はいかに新規事業に挑んだのだろうか：DDP計画法の行動プランニング」を参照）。

マイルストーン計画表：仮説の知識への転換

従来の計画法では、経営者を計画の達成に集中させるきらいがあるが、これは仮説だらけの新規事業では不可能な目標となるのが常である。また、逆効果――計画を満たすことに固執すると学習を妨げる――でもある。経営者はマイルストーン別課題を利用して公式に学習し、仮説を検証することができる。マイルストーン計画法は、いまや新規事業の進捗を監視するための使いやすい技法である。基本概念は、ゼナス・ブロック、イアン・C・マクミラン著『コーポレート・ベンチャリング』（ダイヤモンド社）で述べている通り、その前のマイルストーン計画課題の結果により次のステップのリスクを負うことを正当化する証拠が示されない限り、大きな経営資源割り当てを延期することにある。ここで我々が提唱していることは、仮説を知識に転換する作業を支えるために道具の活用範囲を広げることである。

一九八八年に花王が検討したはずの課題に戻り、フロッピーディスク事業が固定資産への投資だけで四〇〇億円を必要とした点を思い起こしてみよう。このような巨額の投資を行う前に、花王としてはこの新規事業の三大課題の裏に潜む最も重大な仮説を検証したかったはずである。

・一枚当たり二〇円引きで、しかもより優れた品質で世界のシェアの二五％を獲得すること。
・最低でも平均的競合他社と同じ資産生産性を維持し、既存メーカーの予想総原価の九〇％で生産すること。
・優れた原材料を使用して、界面技術を応用して他社より優れた品質のディスクを単価二七円ではなく、二〇円で生産すること。

このような重大な課題に対し、特定のマイルストーン計画の課題を生み出し、四〇〇億円の新規事業を立ち上げる前に、これらの仮説の検証を行うことに経営資源を使う価値がありそうである。たとえば、花王はOEM供給する優秀な顧客に提供する技術検査用のディスクの試作品を、数ロット下請けに生産させることもできる。検査を通れば、目標価格で大きな商売ができるという仮説に留まらずに、大ロットの生産を委託して顧客に転売し、OEMマーケットにおいて価格を割り引けば新規参入者からでも仕入れるか否かを検証することができる。

同様に、第二、第三の課題に対応できる能力の有無を検証するために、試作品の完成を見て、すべて一から立ち上げようとするより、既存の小規模のフロッピーディスクメーカーを買収して、既存の設備で自社の技術を適用してみることも考えられる。この小さな工場で、目標の品質とコストで製造する能力があると確認できれば、自社の大規模プラント建設に向かうことができる。

十分検討を加えたこれらの仮説検証マイルストーンについては、「最後に、マイルストーンで仮説を検証する」のステップにつながる（二二七ページの図表9－2を再度参照）。ここには、大部分の大規模な新規事業に生ずる、若干の典型的なマイルストーンも示した。マイルストーンごとに検証すべき仮説は、適切な仮説ナンバーをつけて仮説チェックリストに列記した。

実務的には仮説の管理者――その公式任務は、各マイルストーン到達時点で必要な仮説が検証されアップデートされたか否かを確認すること、そして修正された仮説がDDP計画法の四つのツールそれぞれに組み込まれたか否かを確認すること――を指名することが賢明である。フォローアップの担当者がいないと、個々の担当者はプロジェクトのプレッシャーのため、仮説のアップデートに対応することが極めて難しくなる。

DDP計画法は、不確実性の伴う重要な戦略活動――新製品、市場開拓、技術開発、合弁事業、業務提携、さらには大規模な組織開発――にとって強力なツールである。わかっていることが多い実績基準計画法とは異なり、DDP計画法は、経営者がわかっていないことを明らかにし、学習させることを義務付けるものである。つまり、DDP計画法は計画を推進するツールの一つとして、新規事業には当たり前の、のるかそるかという不透明性を見通す視力を強化し、経営者に最低のコストでこれに対処できるよう支援するものである。

筆者らは、早稲田大学アントレプレヌール研究会の松田修一氏に対し、花王のフロッピーディスク事業に関するケーススタディ資料を提供していただいたことに、深く謝意を表したい。

製造要員（30人／ライン〈 仮説17 〉×20ライン）	600人
製造要員1人当たり給与	500万円 仮説18
製造要員給与総額（600人×500万円）	30億円
ディスク1枚当たり原材料費	20円 仮説19
原材料費総額（20円×2億5000万枚）	50億円
ディスク10枚当たり包装費	40円 仮説20
包装総額（40円×2500万パッケージ）	10億円
3. **出荷**	
ディスク1万枚の注文1件当たり必要なコンテナ	1個 仮説13
1コンテナ当たり運送費	10万円 仮説14
運送費総額（注文件数2万5000件×10万円）	25億円
4. **設備および原価償却費**	
設備投資額対売上高比＝1対1 仮説5	400億円
設備の寿命	3年 仮説7
年間原価償却費（400億円／3年）	133億円

チェックリストの作成は、新規事業の仮説を意識し続けることを推進する。

第3に、すべての仮説数値をチェックする。

仮説	計算値
1. 利益率	売上げの10%
2. 売上収入	400億円
3. 売上単価	160円
4. 1993年OEM市場	10億枚
5. 設備投資額対売上高比	1対1
6. 実質生産能力／ライン	25枚／分
7. 陳腐化までの設備の寿命	3年
8. OEM平均注文単位	1万枚
9. OEM受注1件当たり販売訪問回数	4回／件
10. 販売員1人1日当たり販売訪問回数	2回／日
11. 年間販売活動日数	250日

▼

図表9-2｜花王はいかに新規事業に挑んだのだろうか：DDP計画法の行動プランニング

目的は、成功価値を迅速に決定することである。新規事業は、顕著な利益を見込めないならば、リスクをかけてまで行う価値はない。

第1に、「逆損益計算書」の作成から始める。

全体数値	
会社の税引前純利益に対して10％加算する分の利益が求められる	40億円
売上高利益率10％で40億円の利益を上げるための売上高	400億円
売上高利益率10％での許容総費用	360億円
単品当たり数値	
販売単価160円での必要総売上枚数	2億5000万枚
全世界のOEMマーケットでの必要シェア	25%
売上高利益率10％での単品許容費用	144円

第2に、新規事業に必要なすべての活動を列記する。

経営課題明細表	
1. 販売	
必要販売枚数	2億5000万枚
平均注文単位 仮説8	1万枚
必達受注件数（2億5000万枚／1万枚）	2万5000件
受注に要する訪問回数 仮説9	4回
必要訪問回数（4回×2万5000件）	10万回／年
販売員1人1日当たり訪問回数 仮説10	2回
年間販売員活動日数（10万回／2回）	5万日
年間必要販売員数 仮説11　5万活動日数／250日	200人
販売員1人当たり給与	1000万円 仮説12
販売員年間給与総額（1000万円×200人）	20億円
2. 製造	
ディスク表面の品質規格：	
競合トップメーカーに対するディスク1枚のキズの割合	50％以下 仮説15
1ライン当たり生産能力＝25枚／分×1440分／日×348日 仮説16	1250万枚
必要生産ライン（2億5000万枚／1250万枚／ライン）	20ライン

最後に、マイルストーンで仮説を検証する。

マイルストーン目標すなわち 各マイルストーンまでの完了事項	検証すべき仮説
1. 当初データ調査および 予備的フィージビリティ分析	**4**：1993年OEM市場予測
	8：OEM平均注文単位
	9：OEM受注1件当たり販売訪問回数
	10：販売員1人1日当たり訪問件数
	11：必要年間（250日）販売員数
	12：販売員1人当たり年間給与
	13：注文1回当たり必要コンテナ
	14：コンテナ1個当たり運送費
	16：年間生産稼働日数
	18：製造要員1人当たり年間給与
2. 試作品生産	**15**：顧客の切り替えに要する品質
	19：ディスク1枚当たり原材料費
3. 顧客の技術検査	**3**：売上単価
	15：顧客の切り替えに要する品質
4. 下請生産	**19**：ディスク1枚当たり原材料費
5. 下請生産品販売	**1**：利益率
	2：売上収入
	3：売上単価
	8：OEM平均注文単位
	9：OEM受注1件当たり販売訪問回数
	10：販売員1人1日当たり訪問件数
	12：販売員1人当たり年間給与
	15：顧客の切り替えに要する品質

▼

12. 販売員1人当たり年間給与	1000万円
13. 注文1回当たり必要コンテナ	1個
14. 1コンテナ当たり運送費	10万円
15. 顧客の切り替えに要する品質レベル：	
競合トップメーカーに対するディスク1枚のキズの割合	50％以下
16. 年間生産稼働日数	348日
17. 1直1ライン当たり製造要員数（3直で1ライン当たり10人）	1ライン当たり30人
18. 製造要員1人当たり年間給与	500万円
19. ディスク1枚当たり原材料費	20円
20. ディスク10枚当たり包装費	40円
21. 許容管理固定費	92億円

よりよいデータを入手して、全社計画の中で検討する。

第4に、逆損益計算書を改訂する。

必達利益率	売上げの10％（ROS）
必達利益	40億円
必要売上収入	400億円
許容原価	
販売員給与	20億円
製造要員給与	30億円
製造変動費	50億円
包装費	10億円
運送費	25億円
減価償却費	133億円
許容管理固定費	92億円 仮説21
合計	360億円
1枚当たり数値	
販売価格	160円
総原価	144円
原材料費	20円

6. 既存プラント買収	**5**：設備投資額対売上高比 **7**：プラントの実質的寿命
7. 買収プラントでのパイロット生産	**6**：1ライン当たり実質生産能力 **16**：年間生産稼働日数 **17**：1日1生産ライン当たり製造要員数 **18**：年間製造要員給与 **19**：ディスク1枚当たり原材料費 **20**：ディスク10枚当たり包装費
8. 競合他社の反応	**1**：利益率 **2**：売上収入 **3**：売上単価
9. 製品再設計	**19**：ディスク1枚当たり原材料費 **20**：ディスク10枚当たり包装費
10. 本格的価格再検討	**1**：利益率 **2**：売上収入 **3**：売上単価 **4**：1993年OEM市場予測
11. プラント再設計	**5**：設備投資額対売上高比 **6**：1ライン当たり実質生産能力 **19**：ディスク1枚当たり原材料費

第10章

イノベーションの機会

クレアモント大学院大学 教授
ピーター F. ドラッカー

"The Discipline of Innovation"
Harvard Business Review, May-June 1985.
邦訳「企業家精神の根幹：体系的なイノベーションの実践」
『ダイヤモンド・ハーバード・ビジネス』1985年9月号

ピーター F. ドラッカー
(Peter F. Drucker)
ビジネス界に最も影響力を持つ思想家。フランクフルト大学卒。『現代の経営』『経営者の条件』『断絶の時代』『マネジメント』『イノベーションと企業家精神』『新しい現実』『ポスト資本主義社会』『明日を支配するもの』など著書多数。

起業家精神とイノベーションの関係

最近よく起業家的性格なるものが論じられる。だが私がこの三〇年間に会った起業家のうち、そのような性格の起業家はほとんどいなかった。逆に、そのような性格を持ちつつ、まったく起業家的にあらざる仕事、セールスマンや外科医、新聞記者や学者、音楽家として成功している人が大勢いた。

成功した起業家に共通するものは、性格ではない。体系的イノベーションを行っていることである。イノベーションは、起業家に特有の機能である。既存企業、社会的機関、あるいは家族経営の食堂という小さなベンチャービジネスでも変わらない。イノベーションこそが、起業家が富を生み出すための道具である。

起業家精神の定義には混乱がある。もっぱら中小の会社にこの言葉を使う者もいれば、新しい会社に使う者もいる。実際には、歴史のある大会社の多くが、起業家精神を発揮している。したがって起業家精神とは、会社の大きさや新しさではなく、ある種の特別な活動に関わる言葉である。そしてその活動の中心にあるものが、イノベーション、すなわち事業体の経済的、社会的な能力に変化をもたらす仕事である。

もちろん、天才のひらめきから生まれるイノベーションもある。だがそのほとんど、特に成功したもののほとんどは、イノベーションの機会に対する体系的な探究の結果、もたらされている。

イノベーションのための七つの機会

産業の内部から、四つのイノベーションの機会を見つけることができる。第一が予期せぬこと、第二がギャップ、第三がニーズである。第四が産業の構造変化である。産業の外部、すなわち社会的、知的な領域にも、三つのイノベーションの機会がある。第五が人口の構造変化、第六が認識の変化である。第七が新しい知識の獲得である。

これら七つのイノベーションの機会は、互いに重複する。そしてそれぞれが、リスク、難しさ、複雑さを伴う。だがイノベーションのほとんどが、これら七種類の機会から生まれる。

❶予期せぬこと

初めに、最も単純で容易なイノベーションの機会として、予期せぬことがある。

一九三〇年代の初め、ＩＢＭは銀行にコンピュータを売り込んだが、当時の銀行には金がなかった。ＩＢＭの創立者でＣＥＯのトーマス・ワトソン・シニアによれば、その時救ってくれたものが、予期せぬ成功だった。最初にニューヨークの公立図書館が買ってくれたのだ。ニューディール初期のその頃、金は銀行ではなく図書館にあった。ワトソンは、各地の図書館に、お蔵入りしてしまうはずだったコンピュータを一〇〇台以上売った。

その一五年後、一般企業が給与計算用としてコンピュータに関心を示した。当時最先端のコンピュータを開発していたユニバックは、そのような使い方に拒絶反応を示した。ところがIBMは、この予期せぬ成功に目をつけ、ユニバック型のコンピュータを給与計算という日常用途用に設計し直した。そして五年を経ずして、コンピュータ産業の雄となり、以来その地位を確保することとなった。

予期せぬ失敗も、イノベーションの機会として同じように重要である。フォード・モーターのエドセルは、自動車産業の歴史において、新車開発の最大の失敗として知られる。ところが、エドセルの失敗が、やがてフォードの成功の基礎となったことについてはあまり知られていない。フォードは、正面切ってゼネラルモーターズ（GM）と戦うためにエドセルを開発し、車種のラインアップの完成を図った。綿密に企画、調査、設計したにもかかわらず、エドセルが無惨な失敗に終わった時、GMをはじめとするすべての自動車メーカーが、それまで設計とマーケティングの前提としてきたものに反する何かが、市場に起こったに違いないと、フォードは考えた。事実、市場は所得階層ではなく、ライフスタイルによってセグメント化されるようになっていた。この変化に対してフォードが取った行動が、マスタングとサンダーバードの開発だった。同社は、再び自動車市場において、個性のあるリーダー的なメーカーとしての地位を得た。

予期せぬ成功や失敗は、非常に実り豊かなイノベーションの機会となる。なぜならば、競争相手が気に留めず、敵視することさえあるからである。

一九六〇年頃、ドイツのある科学者が、大手術の局部麻酔用として非習慣性麻酔剤、ノボカインを開発した。ところが当時の外科医は、大手術には全身麻酔を好んだ。今日に至るも、大手術は全身麻酔が普通である。そこへ歯科医たちがこのノボカインに飛び付いた。ところがその科学者は、大学の歯学部を回っては、自分の開発した本格的麻酔剤を歯の治療などに誤用しないよう注意を喚起するための講演をしたという。まるで漫画のような話だが、この反応こそが、実は予期せぬものに対して頻繁に取られている態度——「そんなばかな」という態度である。

今日ほとんどの報告システムが、予期せぬ成功に気づきにくい仕組みになっている。月ごとにせよ四半期ごとのものにせよ、あらゆる報告書の第一ページが、問題点すなわち期待を下回った分野を列挙する。もちろん、そのような報告も、業績の悪化を防ぐためには必要である。しかし、それでは新しい機会を知ることはできない。

実は、期待を上回った分野にこそ、イノベーションの機会がある。真に起業家的な会社では、あらゆる報告書に第一ページを二つつくっている。問題に関する第一ページと、機会に関する第一ページである。それらの会社ではこの二つのページについて、同じ時間をかけて検討を行っている。

❷ギャップの存在

アルコン・インダストリーズは、創立者のビル・コナーが、技術上のギャップをイノベーションの機会として利用することによって、一九六〇年代最大の成功物語の一つとなった。白内障の手術は、三番目か四番目にありふれた手術である。この手術は三〇〇年にわたる経験の積み重ねによって、小さな靭帯にメスを入れる部分だけを残して、完全に定型化されていた。もちろん眼科の手術医は、常に成功するだけの技術を身につけていた。しかし、メスを入れる部分は、手術の全プロセスの中で、あまりに異質で、常に不安を覚えずにはいられない部分だった。そこにはまさに、一つのギャップが存在していた。

他方、靭帯を溶かす酵素の存在は、五〇年も前から知られていた。コナーが行わなければならなかったことは、その酵素を数カ月生かしておける保存薬を探すことだけだった。眼科医たちは、ただちにコナーの酵素を使うようになった。アルコン・インダストリーズは、世界的な独占を享受した。一五年後、同社はネスレに膨大な値で売却された。

イノベーションの機会としてのギャップは、このようなプロセス上のものだけではない。業績上のギャップも、イノベーションの機会となる。たとえば一九五〇年から七〇年の間の先進国の鉄鋼業のように、市場が拡大しているにもかかわらず利益率が低下している時、そこには業績上のギャップが存在する。このギャップに対するイノベーションが、電炉だった。

認識のギャップも、イノベーションの機会となる。二〇世紀前半の五〇年間、海運業は、高速化と省エネに力を入れていた。ところが、高速化と省エネに成功するほど、経済効率が低下した。こうして五〇年当時には、かろうじて生き延びてはいたものの、瀕死の状態にあった。

ギャップは、現実との認識の間にあった。海運業の余分なコストは、船舶の稼働時つまり航行中ではなく、遊休時つまり停泊中に発生していた。どこでコストが発生しているかさえ明らかになれば、行うべきイノベーションは明らかだった。問題は、コンテナ船と自動車を運転して載せるロールオン・ロールオフ船にあった。いずれも新しい技術を必要とせず、鉄道とトラックでは三〇年も前から行われている方法を用いればよかった。技術ではなく認識の変化によって、海運業はみずからの経済学を一変させ、その後の二〇年から三〇年、成長産業の一つとなった。

❸ニーズの存在

日本で車を運転すると、道路があまり整備されていないことに気づく。多くの道路が、一〇世紀頃の道をもとにしているからだ。そうした道路でも車が走れるのは、視線誘導標のおかげである。複雑な交差点でも、どちらから車がやってくるかがわかる。車の流れをよくし、事故を少なくしてくれるこの小さなイノベーションは、ニーズに基づくものだった。

一九〇九年、AT&Tの調査部が、その後一五年間にわたって予測される電話通話量と人口の伸びを二つのグラフで示した。二つのグラフは、早くも一九二〇年には、米国の独身女性の全員が交換手になる必要があることを教えていた。ニーズは明らかだった。二年後、AT&Tは自動交換機を開発した。

今日我々が、マスコミと呼んでいるものも、一八九〇年頃行われた二つのニーズに基づくイノベーションから生まれた。その一つが、新聞を迅速かつ大量に印刷することを可能にしたオットマー・メルゲンターラーの自動植字機だった。もう一つが、『ニューヨーク・タイムズ』のアドルフ・オクス、『ニューヨーク・ワールド』のジョセフ・ピュリッツアー、そしてあのウィリアム・ランドルフ・ハーストという、三人の新聞発行者が行った社会的なイノベーション、近代広告だった。広告のおかげで、新聞は誰でも読める安い価格になった。

❹産業の構造変化

えてして産業の構造は、あたかも神によって定められた不変のものに映る。だがそれは、一夜で変わるものであり、実際に一夜で変わってきた。この産業の構造変化が、イノベーションの機会となる。

最近数十年における最大の成功物語の一つとして、先頃エキタブル・ライフ・アシュアランス・ソサエティによって買収された証券会社、ドナルドソン・ラフキン・アンド・ジェンレットがある。同社は一九六一年、機関投資家が圧倒的な存在となるにつれ、証券業界の構造に大きな変化がもたらされつつあることを認識したハーバード・ビジネス・スクール出の三人の青年によって設立された。彼らには資金もコネもなかった。ところが数年後には、同社は証券業界における手数料自由化の流れにあってリーダー役を果たし、ウォールストリートのスターになった。しかも同社自身、他の証券会社に先がけて、株式を公開した。

同じように、構造の変化が絶好のイノベーションの機会となった産業として、米国の医療産業がある。最近一〇年から一五年の間、米国では各地で、外科クリニック、神経科クリニック、救急センター、HMO（医療保険組合）が設立されている。

さらに同じように、通信においても産業の構造変化に伴って、イノベーションの機会が生まれた。機器に関しては、構内交換機の製造でROLMが頭角を現し、通信に関しては、長距離電話においてMCIやスプリントが出現した。

ある産業が急速に成長する時、たとえば一つの目安として一〇年に四割成長した時、産業の構造が変化する。しかもその時、すでに基盤を確立している会社は、みずからが手にしているものを守ることに汲々とし、新規参入者の挑戦に応じようとしない。産業の構造が変化している時、伝統を誇るリーダー的な会社は、なぜか最も急成長を遂げている市場を無視する。そのうえ、それまでの市場への取り組みや、市場の定義の仕方や、組織のあり方が、新しく生まれた機会に対処するには、不適切なものとなっている。したがってイノベーションを行った会社は、かなりの間、放っておいてもらえる。

❺人口の構造変化

次が、産業の外部のイノベーションの機会である。最も確実なのが、人口の構造変化である。人口の構造変化には、確定したリードタイムがある。たとえば、二〇〇〇年までに米国の労働力市場に参入してくる者は、今日すでに生まれている。ところが、人口の構造変化を無視する人があまりにも多いので、これをイノベーションの機会として利用する者は、大きな実りを手にすることができる。

今日、日本がロボット先進国になっているのは、人口の構造変化にいち早く気づいたからである。一九七〇年頃には、どの先進国も、出生率の低下と教育の水準の向上に気づいていたはずだった。すでに中卒の半分以上が進学していた。したがって、製造業で伝統的な肉体労働者が不足することは明らかだった。だがこの変化に対処したのは、日本のメーカーだけだった。今日では、日本はロボットの導入において、他の先進国よりも一〇年は先行している。

旅行業やリゾート業としての地中海クラブの成功にも、同じことがいえる。一九七〇年前後、多少注意して観察していれば、欧米において、豊かで教育ある若者の数が急速に増えていることに気づいたはずだった。労働者階級の両親が楽しんだブライトンやアトランティックシティでの休暇に満足するはずのない彼らが、新しい種類のエキゾチックなたまり場において、まさに理想的な客となるはずだった。

誰でも、人口の構造変化が大きな意味を持つことは知っている。ところが誰もが、人口の構造は緩慢にしか変化しないものと思い込んでいる。人口の構造変化は、緩慢どころではない。しかも、人口の総数、年齢構成、教育水準、職業分布、地域分布の変化がもたらすイノベーションの機会は、起業家の世界において、最も実りが大きく、かつ、最もリスクが小さい。

❻認識の変化

コップに「半分入っている」と「半分空である」とは、量的に同じである。だが、意味はまったく違う。世の認識が、「半分入っている」から「半分空である」に変わる時、大きなイノベーションの機会が生まれる。

たとえば最近の二〇年間に、米国人の健康状態が未曾有の改善を見せたことは、あらゆる事実が示している通りである。新生児の生存率や高齢者の平均余命、あるいは、がん（肺がんを除く）の発生率とその治癒率など、およそあらゆる数字が大きく改善した。ところが今日、米国は集団ノイローゼにかかっているかのようである。健康に対する関心と不安が、今日ほど高まったことはない。あらゆるものが突然、がんや心臓病、認知症の原因に見え始めた。彼らにとって、明らかにコップは「半分空である」。健康や医療の長足の進歩に喜ぶどころか、米国人は、不死からいかに遠くにいるかに気を取られている。実は、そのような物の見方の蔓延が、医療雑誌、健康食品、スポーツジム、さらにはジョギング用品に至るまで、数多くのイノベーションの機会を生んだ。事実、一九八三年最大の成長を遂げたベンチャービジネスは、ある室内運動具メーカーだった。

認識の変化は事実を変えない。事実の意味を変える。しかも急速に変える。かつてコンピュータは、一般の人にとってははなはだ恐ろしいものであって、大会社だけが使うものだった。ところが突然それは、彼ら一般の人たちが所得税の計算に使うものになった。

このような変化をもたらすものは、経済的な要因とは限らない。経済など無関係のこともある。コップに「半分入っている」と見るか、「半分空である」と見るかを決定するものは、事実ではなく、時代の空気である。もちろん、この空気の変化は定量化できない。だがそれは、得体の知れないものでも、把握不能なものでもない。極めて具体的である。明らかにすることができ、確認することができる。そして何よりも、イノベーションの機会として利用することができる。

❼新しい知識の獲得

歴史を変えるイノベーションには、科学技術や社会に関わる新しい知識に基づくイノベーションが多い。それらは、起業家精神の華であり、名を広め、富を与えてくれる。これが通常イノベーションといわれているものである。しかし、知識に基づくイノベーションのすべてが重要であるわけではない。なかには、取るに足りないものもある。

知識に基づくイノベーションは、他のイノベーションと比べて、必要な時間、失敗の確率、予測の不確実さ、起業家にとっての試練のいずれもが、まったく異質である。他のあらゆる世界のスーパースターたちと同じように、激しく、気まぐれで、言うことを聞いてくれない。

たとえば、そのリードタイムは、他のいかなるイノベーションよりも長い。新しい知識が、利用可能な技術となるには、長い時間を要する。そしてその技術が、製品や工程やサービスとして市場に出てくるには、さらに長い時間がかかる。つまるところ、リードタイムは五〇年に及び、これまでのところ、さして短縮されてはいない。

通常、イノベーションにとって新しい知識が意味を持つようになるには、二つ以上の知識の出現を必要とする。知識に基づくイノベーションのうち、最も大きなものの一つである近代銀行業がその典型である。経済発展のための資金供給という起業家的銀行の理論は、ナポレオン・ボナパルトの時代にアンリ・ド・サン＝シモンが唱えた。しかし彼の名声にもかかわらず、二人の弟子、ヤコブとアイザックの二人のペレール兄弟が、最初の起業家的銀行としてクレディ・モビリエを創立し、いわゆる金融資本主義の先駆となったのは、一八二五年の彼の死から実に三〇年経ってからであった。しかもペレール兄弟は、ちょうど同じ頃、海峡の向こう側の英国で発達しつつあった近代的商業銀行のことは何も知らなかった。そのため、彼らの銀行は無惨な失敗に終わった。

しかしその一〇年後、米国のJ・P・モルガンとドイツのゲオルク・シーメンスという二人の若者が、フランスの起業家的銀行と英国の近代的商業銀行の機能を結合させることによって、史上初めての近代的総合銀行として、ニューヨークにJ・P・モルガン・アンド・カンパニー、ベルリンにドイツ銀行を設立した。さらにその一〇年後、日本の若者、渋沢栄一がシーメンスの考えを導入し、日本に近代経済の基盤をつくった。これが、知識に基づくイノベーションのプロセスの典型である。

もう一つ例を挙げるならば、コンピュータは、少なくとも六つの独立した知識を必要とした。それは二進法と、一九世紀前半のチャールズ・バベッジによる計算機の概念と、一八九〇年の米国の国勢調査用としてハーマン・ホレリスによって生み出されたパンチカード、さらには、一九〇六年に発明された電子スイッチとしての三極管、一九一〇年から一三年にかけてバートランド・ラッセルとアルフレッド・ノース・ホワイトヘッドによって樹立された記号論理学、第一次大戦中、本来の目的には失敗したものの高射砲の性能向上を図るために開発されたプログラムとフィードバックの概念である。しかるに一九一八年にはこれらの知識はすべて揃っていたにもかかわらず、最初の実用コンピュータが開発されたのが、一九四六年のことである。

知識によるイノベーションにおいては、それが長いリードタイムと、異なる知識の結合を必要とするという二つの特質から、独特のリズム、魅力、リスクが生ずる。まず、論じられはするものの、具体的な行動はほとんどないという懐胎期がある。そして突然、あらゆる要素が結合し、興奮と行動と投機の開放期が始まる。

たとえば先進国では一八八〇年から九〇年にかけて、一〇〇〇社に及ぶ家電メーカーが生まれた。そして突然、ふるい落としの整理期が始まった。それら家電メーカーのうち、一九一四年まで生き残ったものは、二五社にすぎなかった。一九二〇年代の初め、米国には、三〇〇社から五〇〇社の自動車メーカーがあった。一九六〇年には、わずか四社になっていた。

知識によるイノベーションをマネジメントすることは、難しくはあっても、不可能ではない。知識によるイノベーションを成功させるには、まずイノベーションに必要とされる知識そのものについての徹底的な分析が必要となる。J・P・モルガンもゲオルク・シーメンスも、銀行を設立した時、この分析を行った。ライト兄弟も、飛行機を発明した時、これを行った。

もちろん、ニーズの分析、特にイノベーションのユーザーとなる人たちの能力についての徹底的な分析も必要である。一見矛盾するように感じるかもしれないが、新しい知識によるイノベーションは、他のイノベーションよりも市場志向でなければならない。

最初に旅客ジェット機を開発した英国のドハビランドは、市場のニーズを分析しなかったために、二つの重要な要素を見落とした。一つが、路線に合わせた飛行機の大きさだった。もう一つが、航空会社への融資方法だった。同社は、それらの分析を行わなかったために、商業ジェット機の市場を米国の二社、ボーイングとダグラスに取られた。

体系的イノベーション

体系的イノベーションは、これら七つの機会の分析からスタートする。七つの機会のいずれが重要かということは、時と場所と産業によって異なる。人口の構造変化は、鉄鋼生産のような生産プロセスのイノベーションには関係がない。これに対し、メルゲンターラーの自動植字機が成功したのは、熟練の植字工の人口が読書人口の増大に対し不足していたからだ。あるいは、科学上の新しい知識は、社会的な仕組みについてイノベーションを行おうとする者には、ほとんど関係がない。しかし、いかなる場合においても、イノベーションを行おうとする者は初めに、イノベーションの七つの機会すべてについて分析を行わなければならない。

イノベーションとは、分析的な作業であるとともに、知覚的な作業である。したがってイノベーションを行う者は、みずから出かけていき、見聞きし、尋ねなければならない。イノベーションを成功させるためには、左脳と右脳の両方が必要である。数字を見るとともに、人を見なければならない。分析を行うとともに、みずから出かけていき、ユーザーとなりうる人たちを見て、彼らの期待や価値観、ニーズを把握しなければならない。

イノベーションを成功させるためには、単純であるとともに、焦点を絞る必要がある。一つのことだけに専念しないと、混乱するだけである。まったくのところ、イノベーションに対する最大の賛辞は、「わかり切ったことだ。どうして自分が気づかなかったのか。実に簡単なことなのに」という言葉である。また、イノベーションを成功させるためには、それがたとえまったく新しいユーザーや市場を開拓するためであっても、具体的で明確で、ただちに使えるものにしなければならない。

成功するイノベーションは、小さくスタートする。初めから壮大ではない。具体的なことを一つだけ行おうとする。たとえば、車両が走行中に電力を入手することであってもよい。そこから電車というイノベーションが生まれた。常に同数（五〇本）のマッチ棒を箱に入れることでもよい。そこからマッチ棒の自動詰込機というイノベーションが生まれた。事実、スウェーデンのその会社は、半世紀にわたって、マッチの世界的な独占を手に入れた。

初めから大がかりな壮大な試みが成功することはほとんどない。しかし大きな事業に育つか、小さく終わるかは予見できないとしても、世界の基準となり、先頭を走りうる事業を生み出すことを意図すべきである。最初からリーダー的な地位を目指すことなく、イノベーションたりうることはない。

つまるところイノベーションとは、天才のひらめきではなく、仕事である。それは知識を、創意を、焦点を必要とする。たしかにイノベーションに適した人たちはいる。しかし彼らにしても、その能力を発揮できる分野は限られている。事実、複数の分野でイノベーションを手がける者は稀である。トーマス・エジソンは体系的にイノベーションを行っていったが、電気の世界においてだけだった。シティバンクのような金融界のイノベーションの担い手が、医療のイノベーションを手がけることもない。

イノベーションには、他のあらゆる仕事と同じように、才能、創意、知識が必要である。しかし、それらのものは当然としても、本当に不可欠とされるものは、目的意識を伴う激しく集中的な労働である。勤勉、忍耐、決意が欠けているならば、せっかくの才能、創意、知識も役に立たない。

もちろん、起業家精神には、体系的イノベーション以外のものも必要である。起業家戦略が必要であるし、さらには、既存企業、社会的機関、ベンチャービジネスのいずれでもマネジメントが必要である。しかし、実践的にも原理的にも、起業家精神の根幹となるものは、体系的イノベーションなのである。

『Harvard Business Review』（HBR）とは

ハーバード・ビジネス・スクールの教育理念に基づいて、1922年、同校の機関誌として創刊された世界最古のマネジメント誌。米国内では29万人のエグゼクティブに購読され、日本、ドイツ、イタリア、BRICs諸国、南米主要国など、世界60万人のビジネスリーダーやプロフェッショナルに愛読されている。

『DIAMONDハーバード・ビジネス・レビュー』（DHBR）とは

HBR誌の日本語版として、米国以外では世界で最も早く、1976年に創刊。「社会を変えようとする意志を持ったリーダーのための雑誌」として、毎号HBR論文と日本オリジナルの記事を組み合わせ、時宜に合ったテーマを特集として掲載。多くの経営者やコンサルタント、若手リーダー層から支持され、また企業の管理職研修や企業内大学、ビジネススクールの教材としても利用されている。

ハーバード・ビジネス・レビュー イノベーション論文ベスト10
イノベーションの教科書

2018年9月5日　第1刷発行

編　者――ハーバード・ビジネス・レビュー編集部
訳　者――DIAMONDハーバード・ビジネス・レビュー編集部
発行所――ダイヤモンド社
〒150-8409　東京都渋谷区神宮前6-12-17
http://www.diamond.co.jp/
電話／03･5778･7228（編集）　03･5778･7240（販売）
装丁デザイン―デザインワークショップJIN（遠藤陽一）
製作進行――ダイヤモンド・グラフィック社
印刷――――八光印刷（本文）・慶昌堂印刷（カバー）
製本――――加藤製本
編集担当――大坪亮

ISBN 978-4-478-10633-4